ひと目でわかる「大正・昭和初期」の真実

1923—1935

水間政憲
Masanori Mizuma

PHP

はじめに

「日本は戦前、十五年間、中国を侵略した悪い国」と、有名キリスト教系女子中・高校などでは日々教えています。それがいわゆる「十五年戦争史観」です。ここに、日本が嫌いな教員たちが、触れられたくない真実があります。それは、「では、それ以前はどうだったのだろうか」と、自然に湧いてくる疑問です。その疑問に応えて、「十五年戦争史観」そのものの〝嘘〟を、一気呵成に葬る目的で本書を企画しました。

保守言論界も、日本を悪し様に批判する者たちへの反論に多くの時間を費やしてきましたが、本書では大正十二（一九二三）年から昭和十（一九三五）年までの報道写真三千数百枚の中から三五一点を厳選して掲載し、「十五年戦争史観」（日本罪悪史観）を粉砕できるように構成しましたので、読者諸賢が観て判断していただければと思っております。

本書を通読するにあたって、たとえば128頁の写真に写っている車のナンバープレート「16,268」は、保有番号だとしたら、当時の車の総数は何台だったのか、当然気になると思われます。そこで巻末の150、151頁に各時代の「国民生活各種統計表」を掲載しました。そこを見ていただければ、その車のナンバープレートの時代（昭和八年）の自動車の保有台数は、六万六七三三台だったことがわかるようにしてあります。

報道写真と「国民生活各種統計表」とを併せ見て読み進めていただければ、いままで疑問に思っておられた様々なことが、暗雲を切り裂き、光彩が射し込んでくるように見えてくると思っております。

本書には、本年春から始まって話題になっているNHK連続テレビ小説『花子とアン』の主人公、村岡花子さんの写真とエッセイ、白蓮さんの写真と和歌も収録し、昭和初期の彼女たちの心情を、少しでも理解できるようにしました。

本書と、原節子さんが表紙の『ひと目でわかる「戦前日本」の真実 1936―1945』は、一体の書として企画しましたので、併読していただければ、GHQ占領下に切り取られた、昭和初期から終戦までの「空白の時代」を取り戻せると思っております。

最後に、大正・昭和初期にお生まれになって、お元気でいらっしゃる皆様方には、GHQの言論弾圧に堪え、家庭内からわが国を護っていただいたことに深甚の感謝を込めて、本書を捧げます。

平成二十六年五月二十七日　海軍記念日の日に記す

近現代史研究家　水間政憲

ひと目でわかる「大正・昭和初期」の真実 目次

本書は、戦前（一九四五年以前）の東京朝日新聞社と大阪朝日新聞社、東京日日新聞社（のち、毎日新聞社）が刊行した資料を使用しております。写真のキャプション等は、原文を尊重しておりますが、旧仮名遣いは新仮名遣いに、旧字は新字に改め、また、用語等、若干の修正を行いました。なお、掲載された写真は、サイズ等、調整を行いましたので、無断転載を禁じます。

11時58分
『大震災写真画報』（1923〈大正12〉年9月15日大阪朝日新聞社発行）

須田町の街路時計
『大震災写真画報』（1923〈大正12〉年9月15日大阪朝日新聞社発行）

関東大震災の報道写真

午前十一時五十八分

関東大震災クラスの大地震が、再び三十年以内に高い確率で発生するとマスコミで報道されていますので、今から心の準備が必要と考えて関東大震災当時の報道写真を掲載しました。『大震災写真画報』第一集には、「戒厳司令部によると東京の震害戸数三三万四六一三、このうち二九万八四六五戸は火災に罹って焼失している。鉄筋混凝土の洋館も防災の土蔵造りも震火の前には威力を示さず」と記載されています。

被災者情報に関しては、流言飛語が飛び交っていたようですが、火のないところに煙は立たない状況だったようです。戒厳司令部は、不届き者の事実関係をかなり掌握していたにもかかわらず、二次、三次被害をなくすために流言飛語を打ち消す役割を担っていました。死者・行方不明者数は、重複を精査した近年の研究で「十万五千余」（『理科年表：二〇〇六年版』）と改められています。

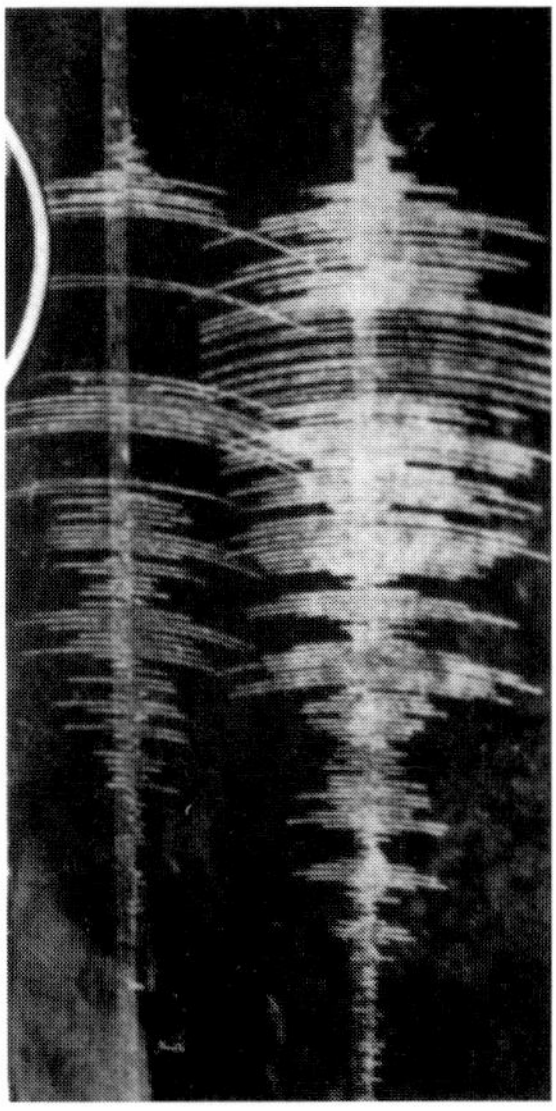

大阪測候所地震計記録
『大震災写真画報』（1923〈大正12〉年9月15日大阪朝日新聞社発行）

皇后陛下、親しく赤十字社病院に罹災の病児をご慰問あらせらる（9月30日）
『大震災写真画報』（1923〈大正12〉年10月7日大阪朝日新聞社発行）

関東大震災の罹災地を見舞われる皇后陛下

天皇、皇后両陛下が東日本大震災の罹災地をご訪問されたお姿が、いまだ目に焼きついていますが、その伝統は関東大震災のときも同じだったのです。

関東大震災の被害家屋の約九割方が火災によってもたらされていたので、閣議が野外で開かれていたことが当時の状況を物語っています。

当時は、為政者も国民も「生きる」ために必死な状況だったのであり、現在に至るわが国を貶《おとし》める歴史の歪曲は、次頁からの報道写真を凝視すれば、ありえないことと納得していただけるでしょう。

猛火中の閣議
『大震災写真画報』（1923〈大正12〉年9月15日大阪朝日新聞社発行）

相変わらず賑やかな須田町附近
『関東大震画報』(1923〈大正12〉年10月10日東京日日新聞社発行)

変わり果てた日本橋附近
『関東大震画報』(1923〈大正12〉年10月10日東京日日新聞社発行)

飛行機上より見た隅田河口の猛火
『関東大震画報』(1923〈大正12〉年10月10日東京日日新聞社発行)

歩哨に守られる大蔵省焼け跡の金庫
『関東大震画報』(1923〈大正12〉年10月10日東京日日新聞社発行)

和田倉門前の大亀裂
『関東大震画報』(1923〈大正12〉年10月10日東京日日新聞社発行)

宮城燃えている右が平河町・隼町
左は三番町界隈
『大震災写真画報』(1923〈大正12〉年9月15日大阪朝日新聞社発行)

今まで輓いていた馬がその四輪車の上に屍となって横たわっている。馬子は逃れたか死んだか、いない
『大震災写真画報』(1923〈大正12〉年9月15日大阪朝日新聞社発行)

震火、警視庁を襲う
『大震災写真画報』(1923〈大正12〉年9月15日大阪朝日新聞社発行)

大磯附近
『大震災写真画報』(1923〈大正12〉年9月25日大阪朝日新聞社発行)

本郷三丁目附近
『大震災写真画報』(1923〈大正12〉年10月7日大阪朝日新聞社発行)

宮城前広場
『大震災写真画報』（1923〈大正12〉年9月25日大阪朝日新聞社発行）

廃墟のような銀座街
『関東大震画報』（1923〈大正12〉年10月10日東京日日新聞社発行）

半蔵門附近
『大震災写真画報』（1923〈大正12〉年9月15日大阪朝日新聞社発行）

焼亡した浅草仲見世
『大震災写真画報』（1923〈大正12〉年9月25日大阪朝日新聞社発行）

半壊の桜田門
『大震災写真画報』（1923〈大正12〉年9月15日大阪朝日新聞社発行）

日比谷公園の一部
『大震災写真画報』（1923〈大正12〉年9月15日大阪朝日新聞社発行）

日比谷公園停留場前
『大震災写真画報』（1923〈大正12〉年9月15日大阪朝日新聞社発行）

宮城前広場でパンの支給
『大震災写真画報』（1923〈大正12〉年9月15日大阪朝日新聞社発行）

関東大震災と聞くと、東京の被害を想定しますが、横浜も壊滅状態だったことが写真でわかります。大東亜戦争でわが国が壊滅的な被害を受けた米軍の無差別爆撃は「東京大焼殺」だけでなく、関東大震災と同様に横浜も「大焼殺」され、廃墟になっていました。マッカーサー連合軍総司令官が一九四五年八月三十日に厚木飛行場に到着し、横浜のニューグランドホテルへ向かう車中で、廃墟と化した横浜を見て驚愕していたことが、主治医ロジャー・O・エグバーグ著『裸のマッカーサー～側近軍医五〇年後の証言』（図書出版社）に綴られています。

全滅の横浜
『大震災写真画報』（1923〈大正12〉年9月15日大阪朝日新聞社発行）

深川猿江町附近
『大震災写真画報』（1923〈大正12〉年10月7日大阪朝日新聞社発行）

汽罐車までいっぱいに避難者の群衆：田端駅にて
『大震災写真画報』（1923〈大正12〉年9月15日大阪朝日新聞社発行）

焼けつつある帝劇
『関東大震画報』（1923〈大正12〉年10月10日東京日日新聞社発行）

震災前の丸の内帝国劇場と警視庁
『大震災写真画報』（1923〈大正12〉年10月7日大阪朝日新聞社発行）

栄枯瞬転の感深し
浅草六区の跡
『大震災写真画報』（1923〈大正12〉年9月25日大阪朝日新聞社発行）

焼失前の賑わい（浅草六区）
『大震災写真画報』（1923〈大正12〉年9月25日大阪朝日新聞社発行）

東京会館
『大震災写真画報』（1923〈大正12〉年9月15日大阪朝日新聞社発行）

変わり果てた神田須田町
『大震災写真画報』（1923〈大正12〉年10月7日大阪朝日新聞社発行）

全滅の横浜
『大震災写真画報』(1923〈大正12〉年9月15日 大阪朝日新聞社発行)

鎌倉鶴ケ岡八幡
『大震災写真画報』(1923〈大正12〉年9月25日大阪朝日新聞社発行)

大地蔵菩薩(東京)
『大震災写真画報』(1923〈大正12〉年9月25日大阪朝日新聞社発行)

凄まじき黒煙=全焼した東京電燈
『大震災写真画報』(1923〈大正12〉年9月15日大阪朝日新聞社発行)

無惨に潰された家屋
『大震災写真画報』(1923〈大正12〉年9月15日大阪朝日新聞社発行)

横浜駅プラットホーム
『大震災写真画報』(1923〈大正12〉年10月7日大阪朝日新聞社発行)

東海道線、山北―谷峨間の徒歩連絡
『大震災写真画報』(1923〈大正12〉年10月7日大阪朝日新聞社発行)

神田駅から見た上野方面
『大震災写真画報』(1923〈大正12〉年9月15日大阪朝日新聞社発行)

大阪築港に迎えた避難者の上陸
『大震災写真画報』(1923〈大正12〉年10月7日大阪朝日新聞社発行)

館山の亀裂
『大震災写真画報』(1923〈大正12〉年9月25日大阪朝日新聞社発行)

米国救援隊のテント：横浜港頭
『大震災写真画報』（1923〈大正12〉年10月7日大阪朝日新聞社発行）

『大震災写真画報』（1923〈大正12〉年10月7日大阪朝日新聞社発行）

フランス、ドイツ、インド、メキシコ、ペルーなど多くの国が震災の救済支援をしてくれましたが、最大の救援物資や義捐金を送ってくれたのは米国でした。

それは、第一次世界大戦を共に戦ったことに由来する米国との絆の深さを物語っていました。

しかし米国が、大東亜戦争で関東大震災と同じように東京と横浜を廃墟にしたことは、その遠因に1919年パリ講和会議において、わが国が提出した「人種差別撤廃決議案」があります。実際、その採決では賛成多数だったにもかかわらず、米国大統領ウィルソン議長はイギリスの強固な反対を受け入れ、全会一致を主張し、否決していたのです。

そして、米国は関東大震災の翌年（1924）、「排日移民法」を施行していました。

フィリピンから救援の看護婦団
『大震災写真画報』(1923〈大正12〉年10月7日大阪朝日新聞社発行)

米救護班のパン焼き：山下町
『大震災写真画報』(1923〈大正12〉年10月7日大阪朝日新聞社発行)

当時、フィリピンは米国の植民地でしたが、救援物資以外にも看護師の派遣もしてくれました。それらに対して日本国民は、米国への信頼を寄せていましたが、国家間では「ボタンの掛け違い」が徐々に大きくなっていったのが歴史的な事実です。

その当時の五大国は、それぞれ植民地をもっていましたが、唯一の有色人種だったわが国への風当たりは日増しに高まっていったことは、拙著『ひと目でわかる「戦前日本」の真実　1936－1945』を併読されれば理解していただけるでしょう。

フランス救援病院開院式当日に参列したクローデル大使夫妻と令嬢
『アサヒグラフ』(1924〈大正13〉年2月20日号)

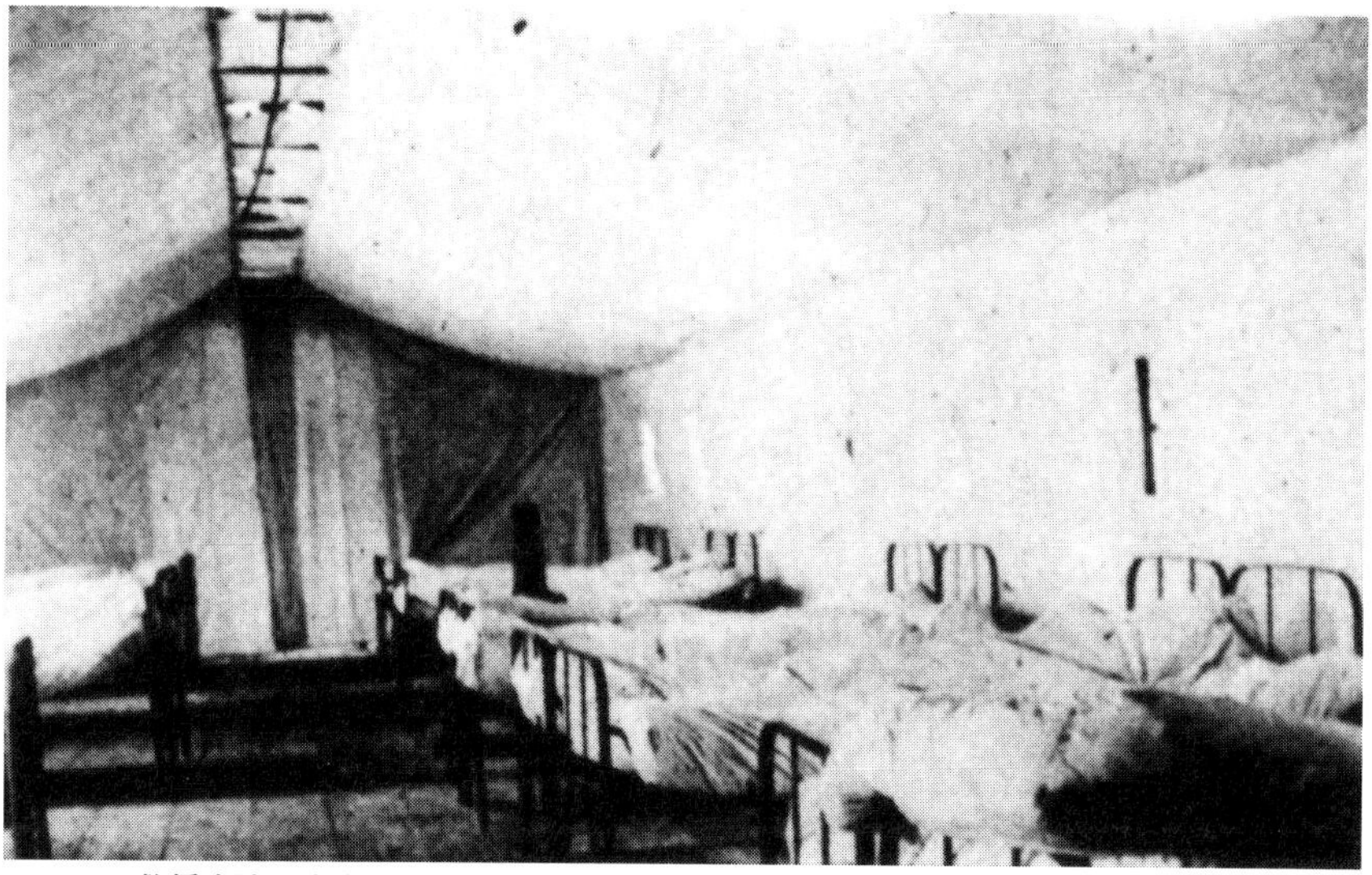

フランス救援病院の病床
『アサヒグラフ』(1924〈大正13〉年2月20日号)

この頁の大テントは、フランス新聞協会から32個寄贈されたもので、「芝区赤羽町の高台有馬ヶ原」に冷暖房の設備と500のベッドが設置されていました。「所謂かゆいところに手の届かんばかりの行きとどき方で、院長には慶大病院の茂木博士が就任され……友邦の大いなる親切は、やがて人間愛の実をむすばれようとしている」と、同誌に綴られています。大東亜戦争時も、わが国はフランスとは矛を交えておりませんので、これからも最も大事な友邦になるでしょう。

ニューヨーク救世軍の震災基金募集活動
本頁『アサヒグラフ』（1924〈大正13〉年1月9日号）

震災救済のため催されたニューヨーク日本クラブの救済大会余興

米国での関東大震災支援活動の模様

米国での震災支援は、第一次世界大戦を共に戦った米軍関係の救世軍組織が主体的に活動していました。

その後、国家間とは別に、国民相互のあらゆる面での交流は深まりを増していったことが、『アサヒグラフ』に紹介された様々な記事で明らかになっています。

本書は、わが国が欧米文化を取り入れつつ、国際国家になろうとしていた努力が徐々に実を結んでいった過程を、報道写真を見ることによって、一目瞭然になるように構成しましたので、じっくり観賞してください。

ニューヨーク日本クラブの救済大会余興花嫁姿

ニューヨーク救世軍震災基金募集活動

『アサヒグラフ』の表紙は時代の変遷を映す鏡だった

夏はどこふく風！
『アサヒグラフ』（1924〈大正13〉年7月23日号）

わかきほほえみ
『アサヒグラフ』（1924〈大正13〉年6月11日号）

『アサヒグラフ』は、関東大震災の報道写真を特集した『大震災写真画報』（第一～第三集）の大反響を踏まえて、一九二三（大正十二）年十一月十四日に創刊されました。

『アサヒグラフ』は、それまで日本になかった総合グラフ誌ですが、老若男女が楽しめる国際情報誌としての役割も担っていたのです。

本書は、大正から昭和初期にかけて、大正モダニズムや大正ロマンと称されていた時代を体系的にビジュアルで確認できるように構成しました。

その時代をリードし、国民を啓蒙したのが、日本初のグラフ誌だった『アサヒグラフ』だったのです。

大正から昭和初期の『アサヒグラフ』の表紙は、国内の大きなニュースのないときは、ほとんどが海外ものの写真でしたが、徐々に自信をつけるにつれて国内ものも使われるようになっていきました。

左の下の大胆な表紙は、当時話題になった木谷千種女史の「美人画」ですが、同時代の画家、伊東深水に先行して評価されていたようです。実際、女性の内面的な艶《なま》めかしい姿は、木谷女史の美人画が上回っています。

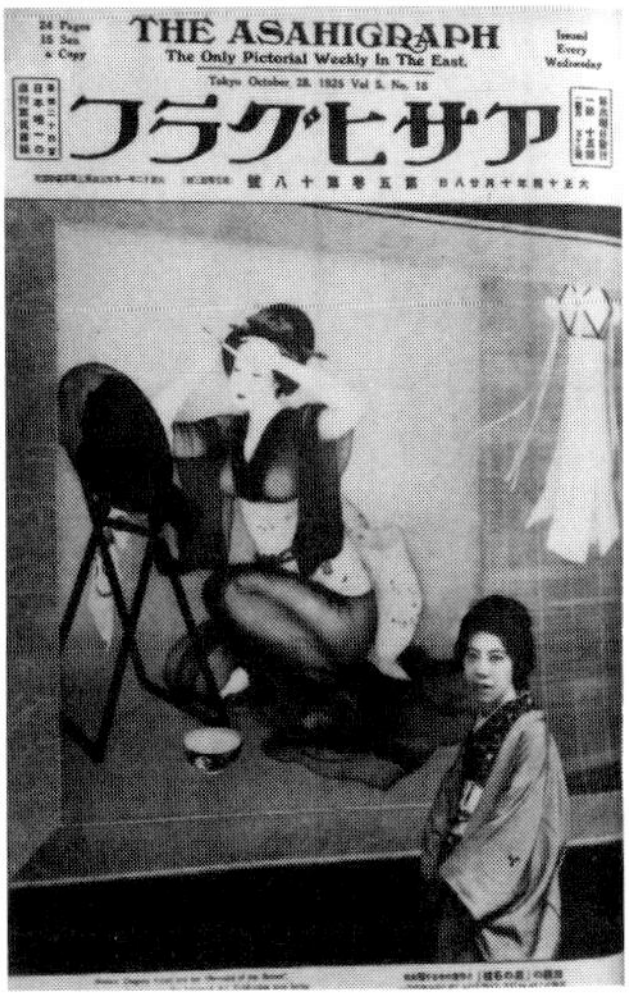

問題の「眉の名残」と作者の木谷千種女史
『アサヒグラフ』（1925〈大正14〉年10月28日号）

大衆娯楽の源泉
『アサヒグラフ』（1930〈昭和5〉年12月10日号）

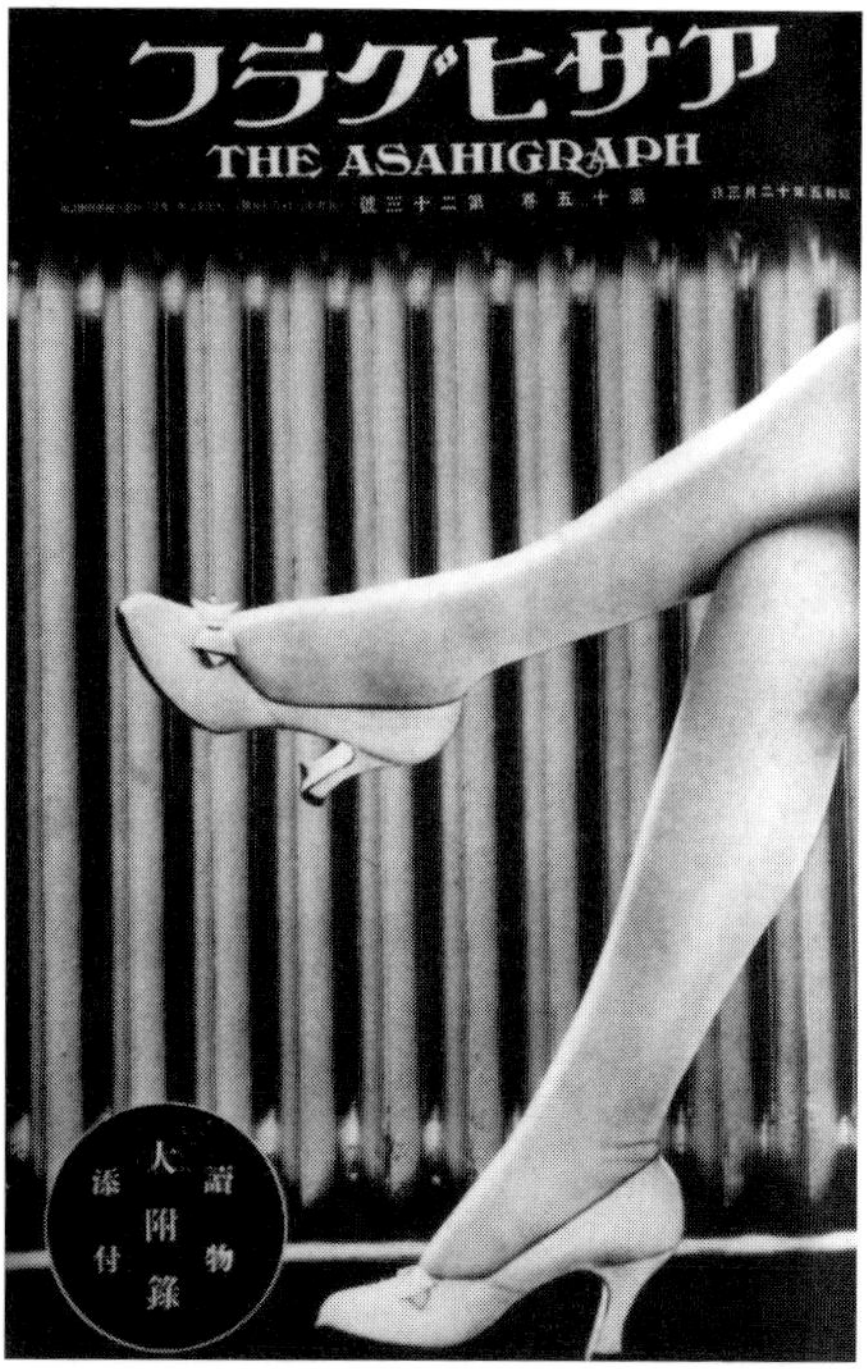

流行の混線
『アサヒグラフ』（1930〈昭和5〉年12月3日号）

雛壇の侵入者
『アサヒグラフ』（1931〈昭和6〉年2月25日号）

本頁の表紙を見て、美術史に詳しい方はバウハウスの影響を感じることでしょう。

一九一九年、ドイツで創設されたバウハウスは、合理主義に基づく「構成的な造形教育」や「表現主義」を取り入れ、ドイツ国内で移転を繰り返しながらも世界的な評価を得ていました。

講師には、カンディンスキーも在籍し、現在のデザインや建築の先駆けの役割を担っていたのですが、一九三三年にナチスによって閉校させられました。

その後、主だったメンバーは米国に招聘され、バウハウスの理念はイリノイ工科大学に引き継がれました。

右上の号の本文では、スピード時代の産物として「軌道上を走る怪客車がドイツで考案され……試験の結果易々と時速一〇〇マイルを出し、スピード時代の先端的産物」と紹介されています。また左上の号の本文では、「世界で一番ながいアーチ式鉄橋」や初期のヘリコプターなどが紹介されています。

左下の号の本文では、「トルコ風を模したエロ一二〇％の衣装」とか「巴里ッ子にとって一年一度の無礼講」のカーニバル衣装が紹介されています。

本場の流行『アサヒグラフ』（1931〈昭和6〉年4月29日号）

都会の河童天国『アサヒグラフ』（1931〈昭和6〉年7月22日号）

クリスマス号『アサヒグラフ』（1931〈昭和6〉年12月23日号）

国民は米国の圧倒的な国力を知っていた

戦後教育では、日本が軍国化していって、米国との無謀な戦争へ突入したことになっています。しかし実際には、本頁の『アサヒグラフ』の表紙を見てわかるように、国民は、日米開戦の十年前から米国との国力の差を、リアルタイムかつ様々な情報で十分認識していたのです。

『アサヒグラフ』には、一九四一年夏に石油の八割が米国からの輸入で、戦時で一年半の備蓄しかないと記事になっており、山本五十六連合艦隊司令長官が、「やれと言われれば半年や一年は存分に暴れてご覧にいれますが、二年、三年となれば確信は持てません」との発言は、石油備蓄状況をなぞっただけだったのです。

パール東京裁判インド代表判事は、「ルクセンブルクのような小国でも、米国が日本へ通告した『ハル・ノート』と同様のものを突きつけられたら、国家存亡をかけて矛を手にするであろう」と、判決文に記載したのです。

日米開戦を望んだのは、一九四一年八月一日に、日本への石油を全面的に禁輸した米国だったのです。

「コドモグラフ」は、子供たちの啓蒙コーナーだった

『アサヒグラフ』の「コドモグラフ」は、創刊当初からずっと継続していた人気ページでした。

「コドモグラフ」を初めて見たとき、登場するペットは、犬が少なく、なぜかほとんどが猫だったのですが、キャプションを読んで納得しました。

ペストの伝染を防ぐ予防策として、猫をペットとして可愛がるように子供たちを啓蒙していたのです。

また、なかには、左下の写真のような、単にユーモアだけの猫の写真もありました。

その他、伝書鳩などの鳥や、海外ものの「四コマ漫画」などでの躾《しつけ》を意図したものもあり、自然に国際常識が身につけばとの思いが感じられるコーナーになっていました。

1924（大正13）年1月30日号から「コドモグラフ」とのタイトルが出現

〈ベンキョウ〉「ミナサン　サクジツオシエタトコロヲ　オボエテイマスカ　キョウハオサライヲシマス。ミイコサン　ワタクシドモハ　ニンゲンノタメニ　ナニヲツクシテマスカ」「ハイ　ネズミヲトッテ　ペストヲタイジシマス」
『アサヒグラフ』（1926〈大正15〉年8月11日号）

〈こんちは小猫〉「しょくん、わがはいは猫である」「わがはいも猫である」「わがはいの名はフルフィーというんだ」「わがはいはフジーというんだ」「今日はニャンといい天気なんだろう」「どうだい、菊見にでもでかけようじゃないか」「菊見もいいが、おれは腹がすいたからネズミをとってこよう」「おれもとりに行こう」「ゴロニャー、ゴロニャー」
『アサヒグラフ』（1926〈大正15〉年11月3日号）

〈ドチラガ　カツカ〉「セカイニふたツトナイネコのぼくしんぐデアリマス　ヒダリ　ぱーどなー　ミギ　とみー。ぱーどなーがカツカ　とみーがカツカ　キョウミハコレカラ……」
『アサヒグラフ』（1930〈昭和5〉年9月3日号）

『アサヒグラフ』（1924〈大正13〉年2月20日号）

『アサヒグラフ』（1925〈大正14〉年3月4日号）

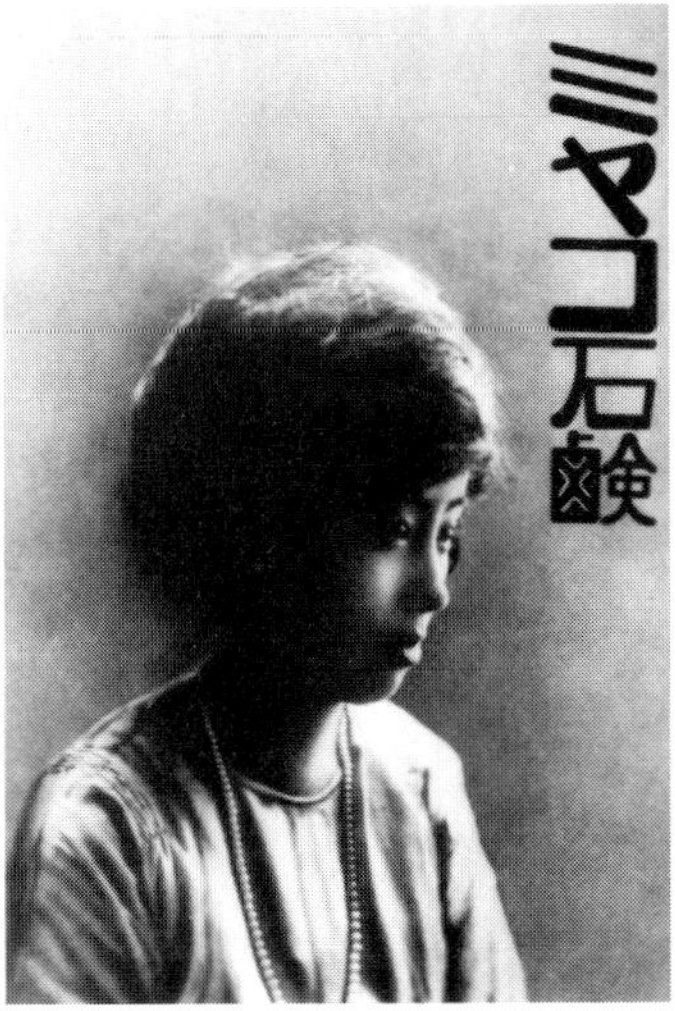

『アサヒグラフ』（1925〈大正14〉年7月8日号）

商品広告は、それぞれの時代を敏感に反映していた

大正から昭和初期にかけての広告は、クラブ石鹸と歯磨が興味深い変化を見せています。

それは、国内にコマーシャル写真を撮れるカメラマンが「まだ育っていなかったのか」、本ページの広告は、いかにも米国の匂いが漂っていますが、次ページのクラブ石鹸の広告は、日本の少女を登場させて純国産をアピールしていました。

大正時代の広告には、イラストもかなりありましたが、広告のインパクトは写真にかないませんので、苦心して撮ったとわかる写真が「ミヤコ石鹸」の広告です。見てのとおり、肖像画を意識した芸術写真になっています。

当時は、まだまだ海外の広告写真のように、全体をアレンジできる技術環境がなかったようです。

第一次世界大戦後、世界の五大国となった日本は、文化なども含め、あらゆるジャンルで一流を目指していたことが、『アサヒグラフ』の記事だけでなく、商品広告からも伝わってきます。

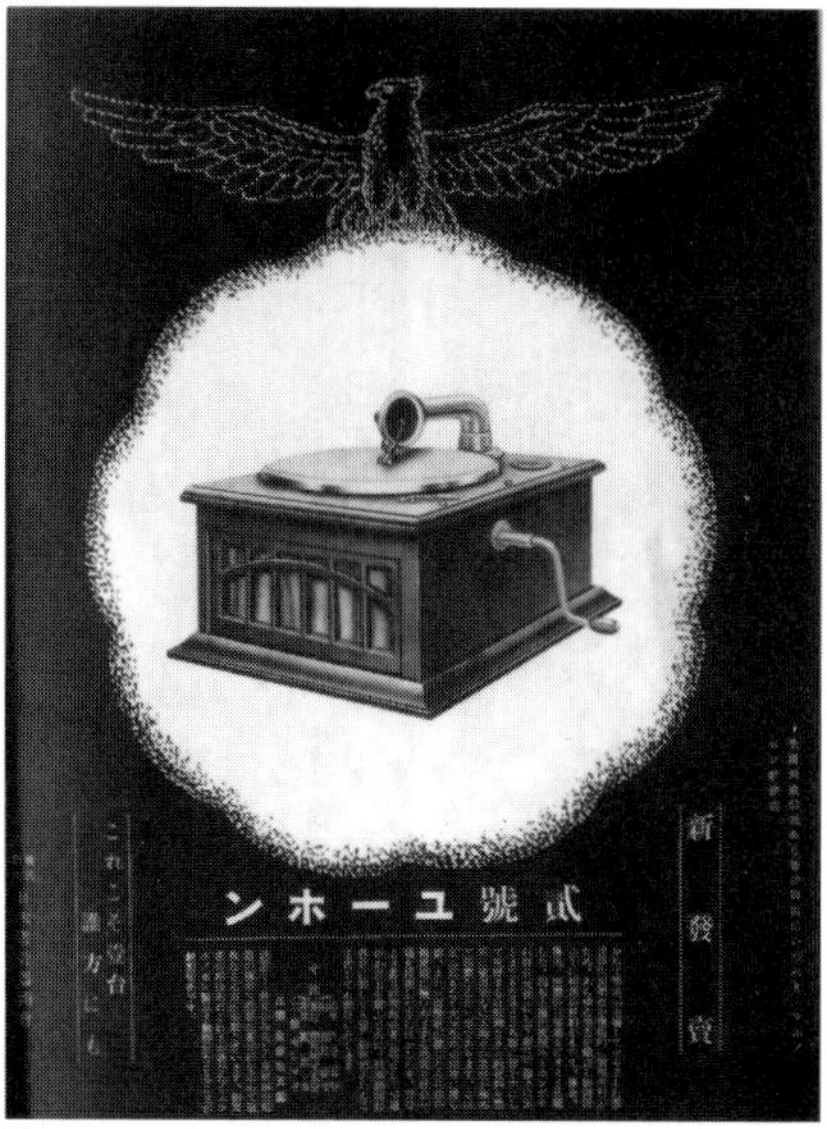

『アサヒグラフ』（1926〈大正15〉年4月28日号）

『アサヒグラフ』（１９２８〈昭和３〉年11月21日号）

『アサヒグラフ』（１９２９〈昭和４〉年５月８日号）

大正・昭和初期に普及した蓄音機

大正・昭和初期に普及した蓄音機は、改良型が次々に発売され、レコードが一般化していました。次頁にあるように持ち運べるタイプのものまで開発されていました（SPレコード各年度販売数は１５１頁参照）。

この頃の『アサヒグラフ』には、泰西（西洋）名画も紹介されており、音楽だけでなく、絵画など、芸術の香りが漂う誌面になっていました。また、当時は中国との関係も限定的で、社会全体が明るく輝いていた時代だったことがよくわかります。

大正から終戦までを俯瞰《ふかん》して感じることは、中国とのかかわりが浅いとき、わが国がいきいきと発展していたことを物語っています。それは、大正・昭和だけでなく、わが国の国際間の軋轢《あつれき》は、常に中国が介在していたのは歴史的な事実ですので、今後、中国とは近くて遠い国との認識を持つことが未来の日本の姿である、と国民が自覚することが何よりも大事になります。

『アサヒグラフ』（1931〈昭和6〉年1月1日号）

『アサヒグラフ』（1931〈昭和6〉年11月4日号）

『アサヒグラフ』（1931〈昭和6〉年12月2日号）

現代に通じる商品の原型は、大正・昭和初期にほぼ出揃っていた

大正から昭和初期にかけて、現在でも発売されている、リプトン紅茶や化粧品のヘチマコロン、脱毛剤エヴクレーム、サロメチール、殺虫剤アース、グリコキャラメルなど、現在も馴染《なじ》み深い商品広告が頻繁に掲載されていました。また、ドイツから輸入されていた催眠鎮静剤アダリン、バイエル―ピラミドン錠などが掲載されていました。

そして、ブラジル珈琲《コーヒー》に森永クリームの広告も紹介されていました。昭和六年頃になると、中国の騒乱が徐々に拡大され、国内にも暗雲が立ちこめ始めました。

中国は、大正時代にわが国から巨額の円借款を受けていて、繁栄するとともに反日色が徐々に大きくなっていく流れは、まさに現在とダブって見えるくらい似通っています。

この時代を知っていた岸信介首相や池田勇人首相が現在も政治家として現役でいたら、中国への円借款や投資は、極力控えていたことでしょう。それが歴史から学ぶことなのですが、わが国は歴史を教訓にしていないところに不幸があります。

福島：刈部千代子さん（6歳）
『アサヒグラフ』（1924〈大正13〉年1月2日号）

福島：会田京子さん（4歳）
『アサヒグラフ』（1924〈大正13〉年1月2日号）

誌上こども展覧会

「誌上こども展覧会」は、募集した子供写真に番号をつけて掲載し、その中から好きな子供を四人選出するようになっていました。第一回は、一九二四（大正十三）年一月二日号の四〇〇名からスタートして、最終的に一八〇〇名で締め切っていました。

関東大震災という未曽有の大災害の後、とかく暗くなりがちな社会を、子供たちの笑顔は、いっぷくの清涼剤の役割を担っていたように思える企画です。

投票結果の当選者は次号で発表し、当選者の写真を再掲載して、そのうちから決選投票するシステムになっていました。

毎回、全国から集まった子供たちの写真は、国民を元気づけ、爽やかな気分を与えていたことでしょう。

子供から大人まで楽しめる総合グラフ誌は、現在ありませんが、映画・海外ファッション・レビュー・科学と発明・朝日新聞本社特約米国漫画など、誌面には海外情報があふれていました。

とくに本社特約米国漫画は、一九二四（大正十三）年一月二日号から、テーマが「おやじ教育」九〜一二コマで始まり、毎週、欧米人の様々なマナーとエチケットが漫画から学べるようになっていました。この連載は一九三五（昭和十）年末にも掲載されており、軍国主義時代などと揶揄《やゆ》されていたときも、同じように連載されていました。

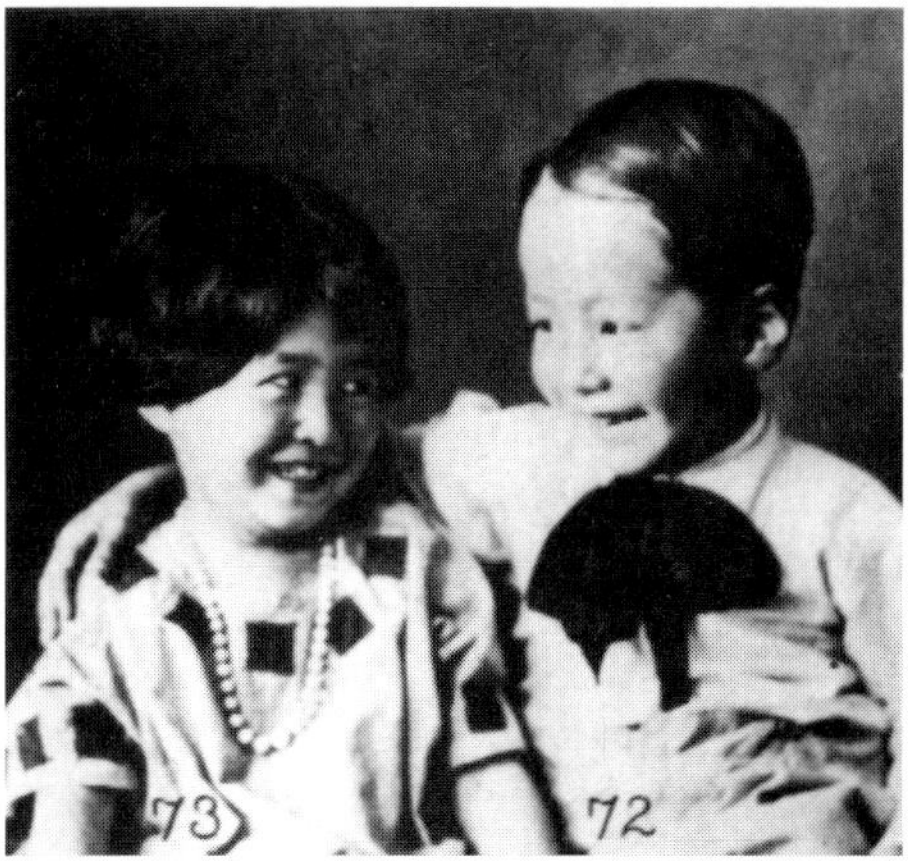

大阪：右・河野謹一さん（6歳）
左・河野和子さん（5歳）
『アサヒグラフ』（1924〈大正13〉年1月9日号）

世界五大国の国民になった日本人が外国から軽蔑されないように、国際的なマナーを身につけるため、グラフ誌が一役買っていたことがうかがえます。

今年（二〇一四）訪日した中国の芸術家が、帰国後、日本の印象をインターネット上に「中国は日本に百年遅れている」と書き込み、話題になっていましたが、まさに百年くらい前の日本の子供たちの姿がこれらの写真です。

伊豆：浜田和子さん（11歳）
『アサヒグラフ』（1924〈大正13〉年1月30日号）

また、日本語に親しみを感じる中国人が、自分の前世は日本人だったのではないか、と疑問を呈したインターネットの書き込みが話題になっていましたが、それは事実を知れば、不思議な思いではなく、当然のことなのです。

二十世紀初頭、攘夷思想に凝り固まっていた中国は、日清戦争に敗退すると、近代化に乗り遅れないために、漢字を使用する日本から学ぶことに方針を転換しました。その結果、一九〇六年には中国からの留学生は二万人を突破し、ピークに達していました。

なお、中国共産党創立者一二名中、初代総書記陳独秀など六名が日本留学組でした。そして中華人民共和国「建国の母」周恩来も日本に留学していて、一九一八年五月一日の日記に「靖国神社の例祭を拝観して感動」したことを綴っています。

中国人が前世を日本人と錯覚するのは、王立達の論文「現代漢語中従日本借来的詞彙」によれば、「現在よく使用されている外国語の八四％」が日本語で、また『新名詞辞典』『新知識辞典』の語彙の半分は日本語から借用したものと発表しています。

現代中国人が抱く概念は、日本語をベースに成り立っていますので、前世が日本人と錯覚するのも自然なことなのです。

『アサヒグラフ』（1924〈大正13〉年1月2日号）

『アサヒグラフ・御成婚記念号』（1924〈大正13〉年2月6日号）

昭和天皇のご成婚

一九二一（大正十）年、大正天皇がご病気のため皇太子裕仁親王殿下は、同年十一月二十五日に摂政に就任されました。関東大震災のときには、その惨状を乗馬で視察され、そのときのお姿は、『大震災写真画報』第二集の表紙に掲載されています。

大震災の影響で延期していた久邇宮良子《ながこ》女王殿下とのご成婚は、一九二四年一月二十六日に執り行われました。

『アサヒグラフ』のご成婚記念号には、その時代の皇室のご成婚が、連綿と続く皇室の伝統として写されています。

天皇、皇后両陛下のご成婚も同じように執り行われていた記憶があり、錯覚するような写真がたくさん掲載されています。このご成婚記念号は、外国人にも理解できるように、キャプションはすべて日英対訳として編集されていました。

心優しき良子《ながこ》女王殿下

左のお写真は、一九二四（大正十三）年一月二十六日午前九時十分、久邇宮邸お玄関をご出立の良子女王殿下です。

『アサヒグラフ』には、良子女王殿下のご成婚前のお写真も多数掲載されており、その中でも印象的なお写真は、「ご同情を針に籠められて大震災罹災民へご下賜衣のお裁縫を遊ばさる」というキャプションのついた一枚です。

そのお写真では、良子女王殿下が畳にお座りになり、裁縫をしておられる傍らに、着物が高く重ねられています。

皇太子裕仁親王のお写真で印象的なのは、「富士山登山」や「水泳」など、若き日の活動的なお姿が写っているものです。

良子女王殿下
『アサヒグラフ』（1924〈大正13〉年2月6日号）

良子女王殿下綾綺殿にご参入遊ばされる
『アサヒグラフ』（1924〈大正13〉年2月6日号）

女学生の奉送
『アサヒグラフ』(1924〈大正13〉年2月6日号)

小学生の奉祝
『アサヒグラフ』(1924〈大正13〉年2月6日号)

国民の奉祝写真は、上下の二枚以外にも、「渋谷の少年団は古代風俗の仮装をして祝意を表した」ものや、「数万の群衆が御道筋をうずめた赤坂見附」「朝まだきより、お喜びのお姿を拝せんとする人々」「馬場先門前の群衆」など、それぞれ立錐の余地もないほどはるか遠くまで、人、人で埋め尽くされていました。

鹵簿《ろぼ》、宮城に入る
『アサヒグラフ』(1924〈大正13〉年2月6日号)

全国で行われていた奉祝

ご成婚の奉祝は、全国でも様々なかたちで行われていました。大阪では「夕陽丘高女生の住吉神社奉祝参拝」や「曾根崎新地の住吉踊り」、神戸の「義士行列」など、日の丸と提灯《ちょうちん》そして万歳の姿が写されています。

ご成婚の翌日、両殿下は沼津に在《いま》す両陛下にお礼言上のため、東京駅から出発するときのお写真や、二十八日に沼津より東京へ還啓されたときの東京駅前に、両殿下を奉迎する群衆の写真は、壮観の一語につきるものです。

朝日新聞社の奉祝は、奉祝飛行機を飛ばしたり、「大阪朝日楼上の放鳩」や「大朝社の奉祝神社参拝班」「東朝社の奉祝神社参拝班」が、明治神宮前に並んでいる写真も掲載されています。

当時の朝日新聞社は、皇室に敬意を払っていたことが、ひしひしと伝わってくる写真が掲載されていました。

良子女王殿下ご通過間際の青山大通り
『アサヒグラフ』(1924〈大正13〉年2月6日号)

水泳は時代を映す鏡

水泳は時代を映す鏡のように思い、ここに一九二四（大正十三）年から一九三一（昭和六）までの写真を時系列に並べてみました。キャプションを見なければ、昨年の海水浴場の写真と錯覚するほど、現在とあまり変わったところはありません。

これから出てくるロサンゼルス・オリンピックでの日本人選手の活躍は、特殊な個人がメダルをとったのではなく、すでに大正時代から水泳は人気スポーツだったことがよくわかります。

潮風
昨年の震災で湘南一帯の海浜はかなりに変化があり危険さえ伝えられているが、それでも海水浴場は相当な賑わいをみせている。写真：相州平塚海岸では、同地高女の水泳部二百余名の少女たちが7月10日から日々7班に分かれて練習をしている（特派員撮影）
『アサヒグラフ』（1924〈大正13〉年7月23日号）

夏の水（多摩川水泳所）
『アサヒグラフ』（1924〈大正13〉年7月30日号）

元気のいい水浴の娘さん（調布・多摩川に設けられた東京府の水泳所）
『アサヒグラフ』（1924〈大正13〉年7月30日号）

時代がわからなくなる海水浴の写真

　左の写真は、ベルギー・オステンド海岸の海水浴写真と比較できるように掲載してあった一枚です。キャプションを見なければ、どちらが日本かわかりませんでした。

　下の写真は、海水浴特集の一枚ですが、解説には「彼女は磯におどる濃紫、彼女は砂におどる桃色、紺色、まことに浪に映る強烈な色彩の乱舞である」とか、他の一枚は「砂浜のパラソル、朝にくっきりと浮き出す彼女たちの白い顔、黒いひとみ。そしてそこには波といっしょにチャールストンをおどるセーラパンツの若者がさんざめく」とあり、読者の昭和初期の概念が吹き飛ぶことでしょう。

南海沿線　諏訪の森海岸
浜寺の海岸つづき、諏訪の森の名はいかめしいが、森も林も見えぬ涼しい砂浜。浜寺の芋を洗うような人ごみになることも少なく、伸び伸びと潮風を満腹できる
　舟は帆まかせ　帆は風まかせ　ヨットコショ　ヨットコショ　ふざけた混声を小波が伝える
『アサヒグラフ』(1927〈昭和2〉年7月20日号)

海岸の近代色
『アサヒグラフ』(1927〈昭和2〉年8月10日号)

昨年の湘南の海水浴シーンと見間違える写真

左の写真のキャプションには「恵まれた彼女たちの幸福さを礼讃しようじゃありませんか、水も相当きれいそうだし、風物もおだやかであるらしい、紅も白粉も、アイロン（筆者注：コテ）も捨てて飛びまわるから、笑い声さえ明るく澄む」とあります。水が澄んでいたことで、現在より恵まれていたことでしょう。

下の写真の上は逗子で、下は鎌倉の海水浴場の写真です。これらの写真は、反日日本人が騒ぎ立てる「暗い軍国主義時代」の写真です。戦後言われてきたことが、これらの写真で雲散霧消することでしょう。

夏老ゆれど　海とこしえに若し
『アサヒグラフ』（1928〈昭和3〉年8月22日号）

砂浜に崩れる人の波　逗子（上）、鎌倉（下）
『アサヒグラフ』（1931〈昭和6〉年8月12日号）

太平洋を圧する米国海軍の威力　最大巨艦ウエスト・ヴァージニア号
『アサヒグラフ』(1924〈大正13〉年9月3日号)

米国最大の潜水艦進水式
『アサヒグラフ』(1924〈大正13〉年9月3日号)

大正時代から米国の軍事力は逐次、国民に知らされていた

戦後、「海外情報を知らない国民」は盲目的に第二次世界大戦に突き進むことになった――そのように教わった者がほとんどでしょう。

ところが大正時代に、真珠湾で戦争記念艦になっている戦艦ヴァージニアや、米国ポーツマスで進水したV・I号潜水艦は、「航行能力七〇〇〇哩《マイル》、長さ三四〇フィート六インチ、最大幅員二七フィート余、海上速力二一ノット、水中速力九ノット、七人の士官と八〇人の水兵を乗せる。これと同じ潜水艦がまだあと八隻できるはずである」と、詳細に解説されていました。

また、〝太平洋を圧する米国海軍の威力〟と称し、サンディエゴ軍港の駆逐艦隊の戦時編成の航空写真や五隻建造される最速巡洋艦トレントン号の全形写真も掲載されていたのです。

当時は、子供たちも米国の軍事力の巨大さは知っていたのが実態だったのです。

街頭に基金募集の有馬氏令嬢と基金ご投入の北白川両姫宮
東京朝日新聞後援の「震災共同基金募集デー」は、1日早朝から、主催者側の同愛会、東京婦人連合会幹部連その他、出動して、市内各所に行われた。写真は銀座尾張町交差点付近の炎天に募集に従う有馬頼寧氏令嬢と基金ご投入の北白川両姫宮殿下（右から美年子女王、位和子女王両殿下、正子、澄子、静子の3令嬢）
『アサヒグラフ』（1924〈大正13〉年9月10日号）

エリートは悪でなかった大正・昭和初期

GHQによって廃止された華族制度については、戦後、当然のように国民は廃止を受け入れましたが、大正・昭和初期の報道では、国民の模範的な姿として紹介されていました。

また、皇族や華族は、それぞれ国民の模範になれるように、厳しく躾《しつ》けられていたことも事実です。

GHQ占領下で華族制度が破壊され、公職追放令G項によって二一万人の文化人を含むエリートが追放されたことで、戦後、エリート教育がタブーになり、リーダーが育たない歪《いびつ》な国家になってしまったのです。

ちなみに、ドイツではG項は適用されず、文化人などは公職追放の対象になりませんでした。

わが国の公職追放の九割方はG項で追放されており、追放者は三親等まで対象になりました。また、追放者には退職金が支払われないことで、自発的に退職した者を含めると、一〇〇万人以上、あるいは二〇〇万人に達していたともいわれています。

これは、日本をエリート不在の隷属国家にするための米国のしたたかな政策だったのです。現在、その悪弊が如実に現れています。

婦人参政
紙上討論の花形
成功した東京朝日の催

濱岡婦美子（下渋谷68）
天が私どもに与えた大きな特権を失ったうえ、倍も負担を重くされるような婦人参政には反対です
本頁『アサヒグラフ』（1925〈大正14〉年3月11日号）

奥海サツ子（横浜日の出町1ノ17）
外の男子と内の女子とは、その権力において同等なり。女子の表面に立っての参政は絶対に反対

萩原勝子（芝自金三光町72 安田方）
婦人参政というまぼろしをおうまえに、まずその家庭を愛されよ

現在より公正な報道をしていた大正時代の『朝日新聞』

大正時代のわが国は、現在の『朝日新聞』や中国より民主主義的な報道環境が整っていたことを示す記事があります。

それは、「『東京朝日新聞』夕刊で、紙上討論、婦人参政の可否を募集し、連日掲載して大いに世の注意を惹きました。討論者は、参加は婦人に限りましたが、締切まで五九五人、うち、可とする者二八一名、否とする者二七五人、中立三九人で、だいたい賛否相半ばしていることがわかりました」との記事です。また「本紙は右参加者のうち写真を添えられた人々とその意見の一端をここに紹介いたします。ただしお写真が製版に適せぬようなのは残念ながら省きました。したがってこの紹介は、意見のいかんよりは写真に重きをおいたものであることはご承知を願います」と、丁寧な説明も掲載されています。

可否の比率から、否定派一七名、肯定派一八名と、公平性も確保して掲載してありました。

一番驚くことは、顔写真に住所氏名を公開して、堂々と意見を述べていたことです。

そして、意見の公平性に気を使い、【お断り】と称し

平野英子（本郷駒込千駄木町52）
人類の半数が女性なる以上、女性を度外視し、または無視して社会を組織することは断じて不可能である。参政権を与えよ

小野八重子（府下大井町月見台）
人間意識と時代意識とに目覚めたる婦人たちは、いまだ奴れい精神に馴らされている同じ女性の魂の覚醒と、また、男性の女性に対する迷もうな観念を打開するためにも、婦政は必要です

藤本つる子（熊本県八代町）
女性らしき運動をもって女性らしき力の実現を、この参政権を通して実現することです
本頁『アサヒグラフ』（1925〈大正14〉年3月11日号）

て「掲載の写真に大小あるは別に意味がなく、お寄せになったお写真の大小明暗が一定せぬためとご了承ください。（記者）」と、ただし書きまで記載されていたことです。

当時も現在もわが国の女性は強かったことが、ただし書きからも伝わってきます。

戦後、戦前の女性は、家庭内は別として、社会的な発言権がなかったかのようなことを訳知り顔で語っている人がたくさんいますが、この記事を見て卒倒するのではと思っています。

否定派、前頁三名以外の意見は、「大貫愛：模倣ばかりしている日本の婦人、五色の声をあげて婦人参政を叫ぶ前に、女性をも代表し得る男の代議士を養成なさいませ」とか、「広林貴枝子：健全な家庭、健康な肉体を持つ一般の女性は、参政より以上の重大な使命があります。反対です」と、それぞれ率直な意見を述べています。

肯定派、上記三名以外の意見には、「本橋喜代子：まず被選挙権を与えよ」とか、「戸塚松子：行き詰まった男子の政治を打破するために」「田中竹子：いったいなにが普選ですの、二十歳以上の満足な男と女に選挙権を与えて名実共に揃った普選にしていただきたいと思います」と、自由闊達な意見を述べていました。

東京朝日紙上討論
家庭婦人の洋装可否

千葉利子（宮城県本吉郡気仙沼町八日丁）
働かざる者は食うべからずと信ずる私は、絶対に洋装を可とします。……洋装の軽快さと丈夫さと手数の省けること、または保健上において比ぶべくもない

天野とも（静岡県志太郡小川村）
軽快な洋装美は新しい女性そのものの匂いが漂う。……和服もよいが洋服への過渡期として家庭着を簡単に改めましょう

小森二美（東京府下世田ケ谷三宿字止宿342）
ニューヨークに3年おりましたが、あちらでこそ洋装も必要ですが、日本ではそう思いません。婦人を洋装にするまでには、ぜひとも道路、住宅の改善を先にいたしてほしい

杉山千枝子（千葉県木更津町）
学生の洋装は結構ですが、家庭婦人の洋装は現在の日本家屋の構造および家具がすべて坐って使うようにできている点から不便であり、また不調和でもあります

本頁『アサヒグラフ』（1925〈大正14〉年3月25日号）

家庭婦人の洋装可否紙上討論

この頃、盛んに欧米のファッションを紹介していた『アサヒグラフ』では、世の中の動静を的確に取り入れて、参政権可否だけでなく、第二回紙上討論として洋装の可否も掲載していました。

上記の四名以外の意見には、肯定派――「荻原勝子：洋装の外出は極めて簡単で、腰上げがないだけでも早い。用意は三分でできる。全身が軽やかで自然に歩みもよい。……洋装は護身衣服である」とか、「三浦英：これからの時代には、実用的の洋装が適していると思います。……軽快な洋装で自由に活動することです。身長も伸びます」と、変化の予兆を感じます。

否定派――「櫻井八重子：家庭婦人の和服を洋装にするとは純日本式生活の一部の破壊です。和服は世界に誇るべきわが邦の宝です。未来にも全廃されるとは思いません」とか、「牧野雪子：美観と実用と経済のいずれから見ても家庭婦人の洋装は不適当です」などと様々な意見がありますが、当時、洋服は高価だったようです。

この頃、皇太子妃良子さまのフランス語講師としてフランスから招かれた女性は、日本女性の洋装について質問されて、「洋装もあり、日本の着物の美しさは羨ましい」と答えていました。

「排日移民法」施行下で一九二五年三月六日に松平大使の大歓迎会が開催されていた

「排日移民法」は、一九二四年九月一日に米国で施行された法律です。この法律は、ヨーロッパからの移民には比率の制限でしたが、アジア人だけが全面的に禁止された「人種差別」に基づくものでした。当時、アジアから米国への移民のほとんどが日本人だったことで、日本を狙い撃ちした通称「排日移民法」と認識されています。

日本政府は、日本人の排斥をしないように米国に要請をしていたこともあり、施行は衝撃だったのです。この法律の遠因は、一九一九年のパリ講和会議で日本政府が「人種差別撤廃決議案」を提出したことへの嫌がらせ法案の意味合いがあります。当時の五大国間では、このような差別的な法律が施行されただけで開戦の要件になると、当時、在日本イギリス大使が発言していたほどの挑発的な法律だったのです。

そうであるなら、「排日移民法」の裏にある米国の「悪意」を察知し、ロビー活動を徹底的に実施する必要があったのですが、十六年後の日米開戦まで、ほとんど何も行われませんでした。

排日の本場サンフランシスコで松平大使の大歓迎
『アサヒグラフ』（1925〈大正14〉年4月22日号）

そのような険悪な日米関係の最中の一九二五年三月六日、日本人排斥の本場サンフランシスコで、松平大使の大歓迎会が開催されていました。

記事には、「桑港《サンフランシスコ》日本協会は三月六日フェアモント・ホテルにおいて松平大使一行歓迎晩餐会を開き、会衆は同地政界、実業界の代表者、外国領事、陸海軍武官等約四〇〇名に達した。席上、キャンベル加州大学総長、ハナ旧教大僧正、ブリッチェット・カーネギー財団代表等の演説あり、なおルーミス日本協会長は、クーリッジ大統領およびヒューズ氏の歓迎文を朗読し、会衆に非常の感動を与えた」と、記されています。

この当時の米国は、まだ朝野を挙げての排日（反日）になっていなかったので、この時点であれば、情報戦（ロビー活動）によって巻き返す余地は残っていたのです。しかし、日露戦争を前にしてのロビー活動のように、米国にはルーズベルト大統領とハーバード大学時代の同窓だった金子堅太郎男爵、英国にはケンブリッジ大学を卒業して各界に人脈をもっていた末松謙澄男爵をそれぞれ派遣してロビー活動にあたらせたような危機感は、当時の日本政府にはまったくありませんでした。

大正天皇のご生母と「白蓮《びゃくれん》」

NHK連続テレビ小説（二〇一四年前期）『花子とアン』は、国民的関心が高く、高視聴率のようですが、劇中、主人公・安東はなこと「村岡花子」の親友・葉山蓮子こと「柳原《やなぎわら》白蓮」の叔母・柳原愛子《なるこ》刀自《とじ》は、大正天皇のご生母でした。

柳原愛子刀自は、幕末の議奏（政事を天皇に奏上する役職）・柳原光愛の次女で、明治天皇の宮人となっていました。

大正天皇は、病弱なことから、一九二一（大正十）年十一月二十五日から一九二六（大正十五）年十二月二十五日まで、裕仁皇太子殿下が摂政を務められていました。

このお写真は、時期的に柳原愛子刀自が一九二五（大正十四）年五月十日に、勲一等瑞宝章を下賜されたときの記念写真のようです。

柳原愛子刀自は、宮中歌会始に数回撰歌されるほどの優れた和歌の詠《よ》み手だったようで、姪の「柳原白蓮」が和歌の詠み手として大正・昭和時代に名声を博したことも、必然性があったように思えます。

聖上陛下ご生母
中山（柳原）愛子刀自
二位局柳原愛子刀自は柳原義光伯の叔母に当たり、当年69、四谷西信濃町の自邸に在って、日頃好まれる和歌その他の書見に余念なく、また盆栽に趣味をもたれ、よく庭いじりをされている。また月に1回は雨の日も明治神宮へ必ず参拝をかかされたことがないと。
『アサヒグラフ』（1925〈大正14〉年5月20日号）

柳原燁子（白蓮）
『アサヒグラフ』（1926〈大正15〉年6月2日号）

歌十題　　　柳原　燁子

去年《こぞ》植えし牡丹の苗木ことしまた蕾をもたず青葉せりけり

長き間我と涙をともにせし紅《あか》き珊《さん》瑚《ご》の珠数《じゅず》やこれぞも

涙もて法華経よみしかの国の遠い思い出にこよい泣かまし

静かなりとおき昔の思いでを泣くによろしき五月雨《さみだれ》の音

相許す心とこころ今にして思えば恋し幸《さち》うすき身も

あいあわずかくてゆるせるこころもてしずかに思うへだたる人を

その才をゆかし妬《ねた》しとおもうにぞ見まもりにけり友のこの歌

祖母と子が暫《しば》の別れに頬《ほほ》をよせて相抱く見て笑えばわらう

けしの花いちじるしくも濃き朝をと見ればそらに小雨《こさめ》のふれる

用なくばくる人でなしと笑いやれば庭木もてかえる姪《めい》の笑える

大正三美人と称された柳原燁子《あきこ》（白蓮）

大正ロマンチシズム時代に一世を風靡した柳原燁子（白蓮）が、NHK連続テレビ小説『花子とアン』に登場して、にわかに話題になっていますが、歴史的な注目度であれば、白蓮に興味が注がれます。

白蓮は、柳原前光伯爵と没落士族で柳橋の芸妓「奥津りょう」との間に生まれ、柳原伯爵の次女として育てられました。また白蓮は、恋多き歌人として世間を騒がせていましたが、本人の血縁者をたどると、幕末から大正・昭和初期に政治を賑《にぎ》わした人物が登場してきて興味が尽きません。

白蓮は、大正天皇の従妹であり、生母「奥津りょう」は、一八六〇（安政七）年に日米修好通商条約批准書交換のための遣米使節団団長として赴いていた新見正興外国奉行の三女でした。

白蓮と駆け落ちして再婚した宮崎龍介は、孫文を支援していた盟友の宮崎滔天の長男だったのです。

そして、昭和天皇の侍従長・入江相政の母親は、白蓮の姉・信子でした。

子供が可哀想　村岡花子
『アサヒグラフ』（1932〈昭和7〉年3月16日号）

子供が可哀想
村岡花子夫人
「大人の童話作家や童謡作家がよってたかって子供の世界をかきまわす――っていうような気が色々な作品を読むとつくづく起こって来るの。童話のブルジョア的であることは認めるけど、あんまりアジ・プロー方に走ったプロレタリア童話もどうかと思うわ。隣の地主は憎い奴だと子供の心に教えるよりは、そんな人間を憎まずに、組織そのものの矛盾を教えるほうがいいでしょう。子供に話して聞かすにはあまりに陰惨すぎるのが左翼の童話のいけないところじゃないかしら。それよりも子供には本当にかくあるべきが真実だということを教えておけば、子供が大人になってあたりを見まわしたときに、はっきり矛盾を知ることができるわけだと思うわ、だいたい私は童話をそう高く評価しないつもりよ、小説家になれなくって童話を書いてる人が多いんじゃありませんか。それを、一方では童話に高遠な理想を植え付けようと理想派が頑張るし、宗教童話はやぼったい口調でお説教するし、本当に子供が可哀想じゃありませんか」と、この童話作家は、子供に童話を聞かせ終わったときのように「わかりましたか」という顔つきで記者を顧みて、のどかに笑った。

バランスのとれた童話作家兼翻訳家・村岡花子

ＮＨＫ連続テレビ小説『花子とアン』の主人公・吉高由里子さんが演じている安東はなが、村岡花子です。この写真は、『アサヒグラフ』の特集〝書斎人のことば〟に掲載されたものですが、この頃すでに村岡花子は童話作家兼翻訳家として活躍していました。

昭和初期は、猫も杓子も社会主義思想にかぶれていた時代にもかかわらず、村岡花子は冷静に理想主義の危うさを見抜いていたことが、この寄稿文から読み解けます。

当時の国際情勢を体験していた者は、一方的にわが国が侵略戦争を戦っていたなどと、戦後喧伝された「ＧＨＱ洗脳史観」に同調するような考え方をもっていなかったことがよくわかります。

実際、村岡花子は、戦時中、大政翼賛会傘下の「大東亜文学者大会」にも参加し、この写真が撮られた一九三二（昭和七）年から一九四一（昭和十六）年までの間、ラジオ番組『子供の部屋』に出演し「ラジオのおばさん」として人気者になっていました。

婦人参政権の可否に関しては、一九一四（大正三）年、東洋英和女学院高等科卒業の頃に市川房枝と知り合い、賛成していました。

女同志で日支の感情を融和　市川房枝
『アサヒグラフ』（1932〈昭和7〉年3月23日号）

大正・昭和初期から婦人運動家だった市川房枝

女同志で日支の感情を融和
市川房枝さん
上海事変はどう考えても将来の日支親善に対して非常な障害になります。支那の人たちが日本に対して抱いていた抽象的な感情が、これによって具体的な「憎悪」にまで変わって深く浸み込み、これが抜けるまでにはなかなか容易のことではないと思います。起こったことはいまさら仕方がありませんから、私たちは、今後こういった事件が繰り返されないように運動するとともに、女は女どうしということがありますから、向こうの女の人たちに会って、ざっくばらんに、話しあって、お互いの誤解をとき、向こうの人たちが日本に対して持っている憎悪の感情を、一日も早くなくするように努力する考えでおります。これがまた私たち女の任務だと信じております（房枝さんは婦選獲得同盟の闘将）。

日本女性を表現する言葉の一つに「たおやか」なしぐさなどがありますが、その所作をまったく感じさせない不思議な女性が、『アサヒグラフ』の特集〝インテリ女性は語る日支事変〟に登場していました。その女性が婦人参政権獲得運動家・市川房枝でした。

実際、一八九三（明治二十六）年生まれの市川房枝は、愛知県女子師範学校時代に「良妻賢母教育」に反対して授業をボイコットしていた前歴があり、根っからの運動家だったようです。

婦人参政権は、ＧＨＱ（米国）が日本へ与えたように戦後喧伝されていますが、すでに戦前、市川房枝たちの運動が実り、一九三〇（昭和五）年に衆議院で認められていましたが、貴族院の反対で実現していなかっただけだったのです。

上海事変（一九三二年一月〜三月）に関して、市川房枝は「起こったことはいまさら仕方がありませんから」と、さらっと語っていますが、同じ誌面で社民党書記長・赤松克磨夫人で社民婦人同盟執行委員長・赤松明子は「国民政府が英米等を背後の力として排日を行い、あるいは居留日本人に危害を加えたことに対して日本が軍隊を出動させ支那軍を攻撃したということは、これは自衛権の発動であってやむを得ざることだと認めます……」と、同誌面で的確に述べています。

大正時代には、欧米で流行《はや》っていたものはリアルタイムで紹介されていた

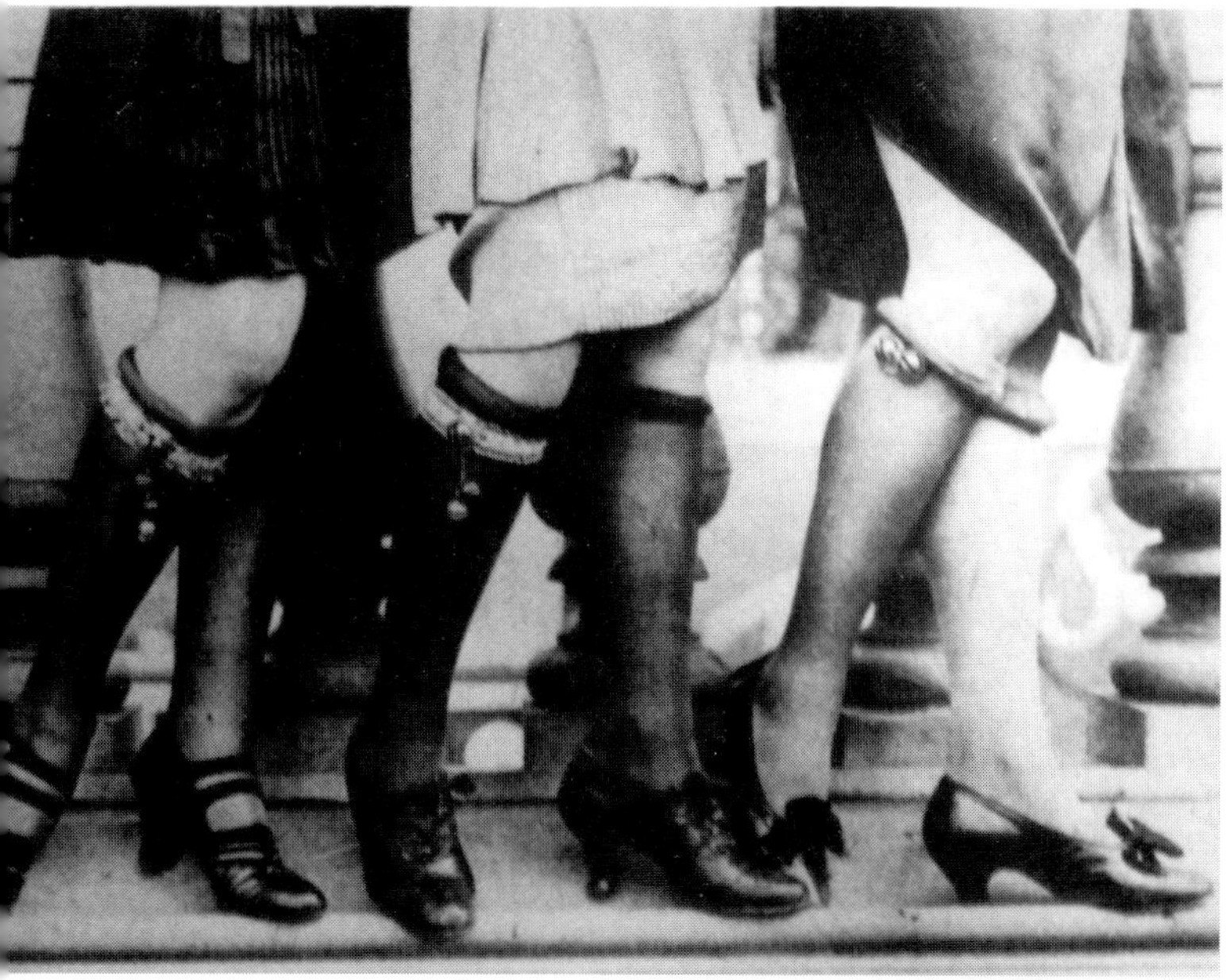

足に鈴：これが米国ではやりだしたもの
『アサヒグラフ』（1925〈大正14〉年6月10日号）

一九二五（大正十四）年頃になると、欧米の映画やレビューだけでなく、様々なものが誌面で紹介されていました。

上の写真は、上半身をカットしたわけでなく、そのままの写真が掲載されていました。すぐにでも原宿の女の子たちが、アレンジして現代に甦らせてもおかしくない斬新さがあります。

この写真の横には、〝どれだけ喰べたらいいのか〟「呼吸の度数で、基礎的代謝機能を測定する器械。この結果でどれだけのカロリーを含む食物が、その人に適当であるかがわかる」と、疑わしい写真があったり、誌面の半分を占めている〝復活した英国の槍兵〟の写真など、面白い写真が掲載されていました。

ちょうどこの頃、レコードとラジオが普及しはじめて、蓄音機やラジオの受信機の広告がたくさん掲載されていました。また、すぐには一般化しないベルギー製カットグラスの水差しやフルーツスタンド、ワイングラスなどの高級品も紹介されていました。

〝夏の流行いろいろ〟（『アサヒグラフ』一九二五年五月二十日）では、「あひると蛙ゴム人形」の水遊び用の玩具が紹介されていたり、時計応用のラジオ蓄音機などの新商品まで紹介されていました。

中国との交流が薄かったこの時代は、誌面に暗くなる記事はいっさいありませんでした。

初風《はつかぜ》・東風《こちかぜ》両機が欧州へ大飛行

アサヒグラフ表紙（訪欧大飛行いよいよ迫る）『アサヒグラフ』（1925〈大正14〉年7月22日号）

一九二五（大正十四）年七月六日、訪欧する二機は、初風と東風と命名されました。いよいよ東京―大阪―平壌―ハルピン―チタ―オムスク―モスクワ―ワルシャワ―ベルリン―ローマ―アムステルダム―パリ―ロンドンへ旅立つ準備に取りかかりました。

河内・安邊両飛行士と片桐・篠原両機関士の四名は、出発前に伊勢神宮を参拝し、一九二五年七月二十五日午前九時に東京・代々木からロンドンへ向かって飛び立ちました。

この欧州への大飛行は、一九三七（昭和十二）年四月の東京―ロンドン間の最短時間飛行記録達成を目的としたときと違い、目的地ロンドンまで無事に飛行することが目的でした。

同年七月にはイタリア機が日本に飛来しており、当時、大陸横断飛行が大ブームになっていました。

その模様は、ロンドン到着を伝える同年十一月十八日号まで、その都度、写真つきで報道されました。

平壌とハルピンでは歓迎会が催され、同年八月二十三日、モスクワに到着しました。モスクワに着いたときには、八月二十四日に『大阪朝日新聞』が、「初風　東風　翼を揃え

訪欧機の命名式
『アサヒグラフ』（1925〈大正14〉年7月15日号）

て無事露都に入る」と、号外を出していました。

その間、『アサヒグラフ』同年九月十六日号には、露国機が下関市に着陸して大歓迎されている写真も掲載されていました。

同年九月二十九日、パリでは、ズーメルグ大統領が勇士四名を別荘に招待してくれたり、バンルベー首相やジョフツル元帥なども歓迎してくれました。また、フランスに滞在していた日本人では、石井駐仏大使が飛行場に出迎え、四王天《しおで》少将令嬢が花束を贈呈していました。東久邇宮殿下、朝香宮両殿下も歓迎されました。

同年十月十二日、初風・東風両機はロンドン近郊に着陸し、両飛行士と両機関士は、日本大使館で催された歓迎晩餐会に出席しました。

行く先々で初風と東風は、旭日旗が振られて歓迎されていました。海外で旭日旗が日本の象徴的な旗として認識された背景には、欧州を訪問した初風・東風と神風号の果たした役割が大きかったのです。

訪欧大飛行を無事に果たした安邊・河内・篠原・片桐の四名は、一九二六（大正十五）年一月六日午前、鹿島丸で神戸港に戻ってきました。その埠頭には、旭日旗と見間違う朝日新聞社旗が打ち振られていたのです。

旭日旗に対して、韓国の国会で本年（二〇一四年）二月から、「侵略の象徴」として、「旭日旗禁止法案」を審議していましたが、それに対抗して筆者は、『ＳＡＰＩＯ』誌（二〇一四年三月号）に「『旭日旗禁止法』で世界中の〝日の出マーク〟に噛み付き始めた呆れ果てた韓国人たち」とのレポートを寄稿しました。その中で、一九三八年十月に、全朝鮮の「朝鮮連合青年団」の代表四三〇〇名が旭日旗を揚げて行進している姿など、戦前、朝鮮半島で朝鮮人が旭日旗を尊重していたスクープ写真を複数掲載したところ、沈黙し、静かになっています。

問題の肅親王遺児　川島芳子さん
例の大和丸の問題で騒がれた川島芳子さん（19）の最近の写真です。嬢は人も知る清朝肅親王の第十七王女で川島浪速氏の手許に養われています
写真：10月中旬日本アルプス山中高瀬川の上流葛温泉附近の河原で。右の洋装が芳子さん
『アサヒグラフ』（1925〈大正14〉年11月4日号）

男装の麗人・川島芳子の若き時代

川島芳子（愛新覚羅顯玗《けんう》）は、清朝肅親王の第十七王女として一九〇七（明治四十）年五月二十四日、清国時代の北京で生まれました。

肅親王の顧問だった川島浪速は松本市出身で、一九〇〇（明治三十三）年、義和団の乱を平定する日本陸軍通訳官として従軍し、清国からも評価され、日本軍撤退のとき清国に残り、清国政府に雇用され、北京警務学堂総監督に就任していました。

そのとき警察行政を統括していた愛新覚羅顯玗（川島芳子）の父親の肅親王の信頼を得たことが縁で、芳子は川島の養女となり、一九一五（大正四）年に来日して、東京の豊島師範附属小学校を卒業し、跡見女学校に進学していました。川島浪速が長野県松本市浅間温泉に転居した後、松本高等女学校の聴講生になり、青春時代を過ごしていました。

上の写真の川島芳子が優しく微笑んだ姿は、真の満洲族の雰囲気を漂わせています。

その後、一九二七（昭和二）年、旅順で蒙古族のカンジュルジャップと結婚しましたが、数年後に離婚して、移り住んだ上海で、日本領事館駐在武官、田中隆吉少佐と親交を深め、田中少佐を手伝ったことから

芳子さんの笑顔
「女」であった日の芳子さん

あらぬ噂に憤慨して「男」になった川島芳子さん
美しい川島芳子さんが髪をきった――薄ら寒い浅間高原の夕まぐれ、温泉町のある料亭へ早大の制服で訪れた眉秀でた一青年があった。「おいねえさん、酒を持ってきてくれたまえ」。悠々酒杯を手にした彼の声音には、その白い指先には、隠しおおせない女性のもつ優しさがあった。これなん誰あろう清朝粛親王の遺児、第三王女川島芳子が更生の姿であった。断髪そして男装――その裏には涙ぐましい彼女の固い決心がひめられていた。男勝りの彼女が、例の大和丸事件以後、またもあらぬ噂をたてられ、某氏からは激しく教訓され、ついにピストル自殺まで計って果たさなかったことが今にして世に知らされた。「女だから面倒が起こる」とすっぱり男になった彼女の胸のうちやいかに
『アサヒグラフ』（1925〈大正14〉年12月9日号）

「東洋のマタハリ」とか、「満洲のジャンヌ・ダルク」などと、勇名を馳せるようになっていました。

一九三三（昭和八）年、熱河自警団が組織されたとき、川島芳子は総司令に就任していました。

一九三七（昭和十二）年、川島芳子は天津で料亭「東興楼」を開業していました。

戦後、一九四五（昭和二十）年十月に、潜伏していた北平で国民党に戦犯として逮捕され、一九四八（昭和二十三）年三月二十五日、北平で銃殺されたことになっていましたが、銃殺前にすり替えられ、生存していたとも伝えられています。中国での川島芳子の行動には、ミステリアスな部分が多いのです。ただし、川島芳子が終始一貫していた真情は、「僕は祖国を愛す」との手記を『婦人公論』に寄稿していたことでもわかるように、日本でも中国でもなく、祖国愛だったのです。

川島芳子が処刑されたとき、獄衣のポケットに遺されていたといわれている辞世の詩が左記のものでした。

家あれども帰り得ず
涙あれども語り得ず
法あれども正しきを得ず
冤《えん》あれども誰にか訴えん

歴史に翻弄され、波瀾万丈の人生を凛々《りり》しく生きた川島芳子の悲壮感漂う思いは、現在のチベットやウイグル、内モンゴルの少数民族の人々の中にも息づいているのです。

日本国内と内乱状態の中国

一九二六（大正十五・昭和元）年のわが国は、大正天皇が病に臥《ふ》されていましたが、時は平穏無事に流れていました。同年十二月二十五日午前一時二十五分に、天皇陛下は葉山御用邸で崩御されました。

その頃の中国は、無政府状態の内乱が勃発していました。

一九二七（昭和二）年一月三日、中国国民政府によって漢口の英国租界が武力で接収され、同年一月七日には、九江の英国租界も接収されました。

それによって、中国国内に条約に基づいて租界を持っていた米国・フランス・イタリア・日本などにも衝撃が走り、同年一月中旬、中国の武力行使が上海租界へ波及することを恐れて、関係国が共同で四〇〇〇～五〇〇〇人の兵力を上海に集中することになりました。

ちなみに当時、上海に居留していた日本人は二万数千人で、日本は紡績だけの投資のみで二億円（現在の六〇〇〇億円相当）の巨額に達していました。

中国は、当時も今も条約は紙に書かれた単なる紙っぺらにしかすぎず、守るか守らないかは中国側の気分次第で、どうにでもなると思っているのです。

上海騒乱画報（一）
英陸戦隊上陸　南京路を示威進軍する一隊
（山本特派員撮影）
『アサヒグラフ』（1927〈昭和2〉年3月9日号）

上海騒乱画報（二）
静かに形勢を観望する
各国警備艦
（山本特派員撮影）
『アサヒグラフ』（1927
〈昭和2〉年3月9日号）

ものすごさを語る血染めの道路
『アサヒグラフ』(1927〈昭和2〉年4月27日号)

中国国民革命軍の一大クーデター

警備にあたる英国兵
前方に立てるは司令ダンカン少将
『アサヒグラフ』(1927〈昭和2〉年4月27日号)

一九二七（昭和二）年三月二十一日頃の中国は無政府状態で、上海工務局は治安維持を列国に求め、要請に応じて、英国九〇〇〇名、米国一五〇〇名、日本一五〇〇名、フランス四〇〇名、イタリア五〇名の陸戦隊が上陸しました。また、各国の海軍艦船は、英国一一隻、日本一一隻、米国五隻を含めて三一隻が上海に集結していました。

上海を占領した中国国民革命軍は、内部の共産派過激分子の騒乱に対して、一九二七年四月十二日未明、一大クーデターによる掃討を実行しました。

そのときの逮捕者四〇〇〇名余、押収した武器は七〇〇〇～八〇〇〇に達したといわれています。このとき、日本に留学して中国共産党の代表になっていた陳独秀は、銃殺されていました。

この一大クーデターの後、長江の中流・下流域に、共産系武漢政府と反共産党南京政府が対立して並立、そして張作霖の北京政府と、中国は同時期に三政府が鼎立した異常な状態になっていました。

一九二七年三月二十四日の「南京事件」

警備中の英米兵
『アサヒグラフ』(1927〈昭和2〉年4月27日号)

仏国兵とタンク
北四川路松
『アサヒグラフ』
(1927〈昭和2〉年4月27日号)

一九二七（昭和二）年三月二十四日、上海では、列国と中国革命軍の武力衝突は回避されていましたが、南京では、国民革命軍正規兵が入城後、日本大使館に避難していた邦人や警備兵・職員に「華俄一家」（ソ連と中国は一家である）などの標語を二百余名で叫びながら襲いかかりました。暴行・打ち壊し・掠奪（便器や空瓶まで）、そして婦女子は陵辱されました。

英米の領事館・学校・企業なども同じように被害に遭いました。長江の下関に碇泊していた英米の軍艦は、城内に向けて艦砲射撃をしたのです。日本軍の軍艦も碇泊していましたが、邦人の状況が把握できていないとして砲撃はしなかったのです。

このときの英米との違いが、現在でも中国国内で、日本企業が一方的に破壊・掠奪の対象にされている遠因なのです。

若草萌えて日うららかな花まつり
『アサヒグラフ』(1927〈昭和2〉年4月20日号)

盛大に催されていた「花まつり」

昭和初期には、『アサヒグラフ』も「花まつり」の写真は一頁全面を使って紹介していました。

左の写真は、「釈尊の降誕を祝う吉例の花まつりは八日午後一時から日比谷公園音楽堂で賑やかに取り行われたが、花のような可愛らしい稚児衆に迎えられた誕生仏奉安の花御輿《はなみこし》は五千余の仏徒の間を縫って美しく式場に入った」と解説しています。

最近、クリスマスやハロウィンは報道されていますが、「花まつり」はほとんど無視されています。不可解に思っておられる方は、たくさんいらっしゃると思っています。

「花まつり」は、誕生会・釈尊降誕会・灌仏会とも呼ばれています。誕生地は、現在のネパールになるルンビニの花園で摩耶夫人の右わきから誕生し、七歩歩んで天地を指して「天上天下、唯我独尊」と語ったと伝えられています。

仏教辞典の中には、その唱えを「この世界に自分より尊い者はないということ」などと解説しているものがありますが、間違いです。本来は、「この世に生きる者は、皆、それぞれ存在価値があって尊ばれるべきだ」と解釈するべきなのです。

米首都ワシントンのさくら祭り
かねて、名高い米国首府ワシントン市外を流れるポトマック河畔の桜花は、この春見るも見事に咲き揃ったので、去月27日、米国メモリアル協会主催のさくら祭りが、その桜花の下で賑やかに催された。
主賓はワシントン在住の各国児童500名、各自国旗を振りかざして楽しそうに臨んだ

上：余興のさくら踊り、下：主賓の各国児童
上・下『アサヒグラフ』（1927〈昭和2〉年5月25日号）

ワシントンのポトマック河畔の桜まつり

ポトマック河畔の桜は、一九一二（明治四十五）年三月二十七日、尾崎行雄東京市長が寄贈したものです。最近、韓国が「この桜（ソメイヨシノ）は、韓国済州島が起源」と喧伝していますが、そもそも韓国に桜があるのは、日本が植樹したものなのです。ソメイヨシノは、吉野の染井さんが交配してつくった桜です。

また韓国側の妄言に対して、ＤＮＡ鑑定の結果、ソメイヨシノと済州島の桜は無関係と証明されています。

街に溢れ出した洋装の女性たち

〝街頭の近代色〟
左・右『アサヒグラフ』（1927〈昭和2〉年6月8日号）

〝街頭の近代色〟モダーンな……それは銀座に丸の内に流れるモダーンないろどりではある

上の写真は、一九二五（大正十四）年三月二十五日号の『アサヒグラフ』に洋装可否の紙上討論が掲載されてから、わずか二年後の女性たちです。

『アサヒグラフ』誌上で欧米の春夏秋冬の流行を季節ごとに紹介しはじめたのは、創刊間もない一九二四（大正十三）年からで、昭和に入って一気に花が咲いたように華やかな洋装で街を闊歩《かっぽ》する女性たちが溢れ返っていました。

このページの写真は、〝街頭の近代色〟特集の二枚ですが、他の写真は、人力車に乗り日傘をかざした洋装の女性や、ハイヒールで闊歩している洋装の女性など、着物姿では感じられない活気が街に漂っていました。

海外の映画からでも外国のファッションは学べますが、『アサヒグラフ』には、ファッション誌のように、女性たちが取り入れやすいように、TPOに即した洋服として紹介されていました。

また、洋装に合う髪型や小物類も紹介されていたことで、流行が和洋折衷として活かされるようにもなっていました。

右の着物にショートカットの女性は、今そのまま銀座を歩いていても、まったく違和感なく見えるでしょう。

パリとニューヨーク夏のファッション

パリの夏のスポーツ型
『アサヒグラフ』(1927〈昭和2〉年7月13日号)

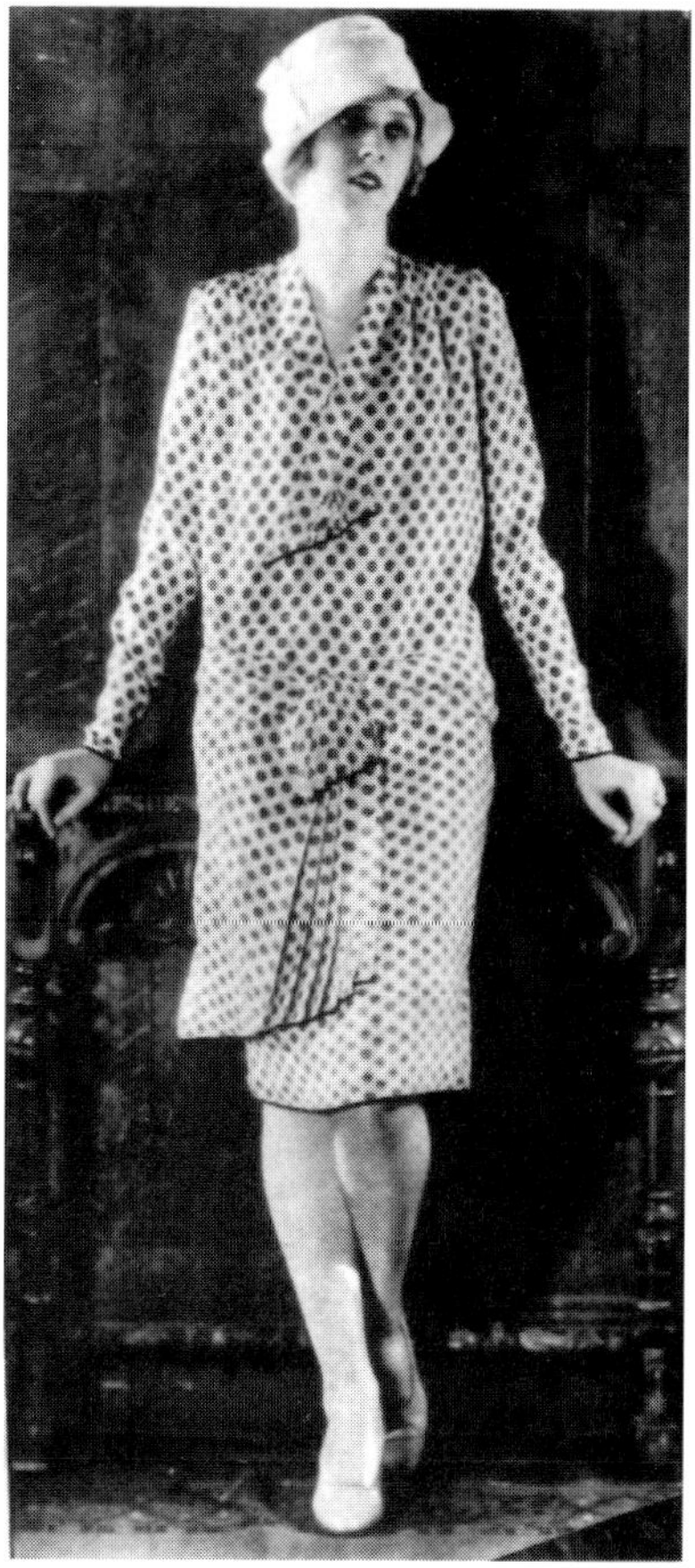

朝の散歩服
『アサヒグラフ』(1927〈昭和2〉年7月13日号)

本頁と次頁の写真は、〝海外ニュース〟特集ページのものです。

右は、「布地はラミドン絹の染出しでワンピースの軽快なもの。腰まわりにひだを前で結んだよう。単調な型をうれしく見せたところが新案、さわやかな夏の朝にふさわしいもの」、左は「布地はあまり変化はないが、型はほとんど毎日変わっているといっていい程の激変がパリでの特長。同じツーピースでも、これなどはすばらしいもの。コートの襟際から下までが全体の開きで、その間からジャージーをちらりと見せたところが味、帽子はヘルメット風の新型(スポーツなレディー用)」と解説されていますが、この解説は、写真と一緒に配信されたもののように思えます。

56頁右は「布地は今年際立ってよく用いられるラミドン絹の染出し模様。ツーピースで色合いは白とネービーブルーのなつかしい交錯襟や袖

夕の散歩服
『アサヒグラフ』(1927〈昭和2〉年7月13日号)

ニューヨークの夏の流行
『アサヒグラフ』(1927〈昭和2〉年7月13日号)

口、裾のほうは全体の統一をとって濃いブルーでへりをとった外出着」、左は「少しうすら寒い夕方に恰好、色合は薄黄、地は薄手のウール、バスケット風の帽子は色と調子が苦心のいるところ、二十歳以上の人によい」と、微に入り細をうがち、着用年齢までアドバイスしています。

また同誌で、「便利なまつ毛矯正器」とタイトルをつけて、ビューラーの使い方まで、写真入りで伝授しています。「まつ毛がまぶたの上下に一本一本くっきりと柔らかにカールされているのはどれほどか女性の眼の魅力になる。近ごろアメリカでは図のようにしばらく眼に当てているだけで、まつ毛がきれいにカールされるような手軽な器械が新案された」とあり、現代の女性たちが常用しているビューラーは、一九二五(大正十四)年に米国で発明されたものだったのです。

ジャポニスムは、ニューヨークのファッションにまで影響を与えていた

十九世紀後半から二十世紀初頭にかけて、ヨーロッパの絵画や建築・デザイン（アール・ヌーヴォー）などに影響を与えた浮世絵や磁器製品など、ジャポニスムと称された日本文化は、とくに画家たち（印象派）に衝撃を与えました。

十九世紀後半、明治維新後に廃仏毀釈の流れで粗末に扱われていた浮世絵が、磁器製品を梱包する包装紙に使われてヨーロッパへ大量に流出していました。

その浮世絵の色彩と非対称の大胆な様式美は、ヨーロッパになかったものだったので、珍しく感じた骨董屋がアイロンをかけて店頭に並べたところ、写実派絵画が写真の出現で行き詰まり、純粋に「美」を追究できる環境で思い悩んでいた前期印象派のマネやモネ、ゴッホなどが浮世絵に飛びついたことが、ジャポニスムブームのきっかけだったのです。

上の写真は、モネの着物を着た少女の「ラ・ジャポネーズ」を彷彿《ほうふつ》させる一枚です。

とくにモネは、「睡蓮」や「舟遊び」など、浮世絵の油絵版と思えるくらい心酔していました。

ゴッホの絵画の中には、浮世絵そのものが描かれているだけでなく、「種をまく人」や「ひまわり」などの大胆な構図は、浮世絵から援用したものなのです。

日本人がモネとゴッホの絵が大好きなのは、日本人の琴線に触れるからなのです。

このほどの流行（羽織）
ニューヨークの若い婦人の間に、このほどコートがわりに盛んに羽織が用いられて、ちょっと今流行といった風になっている。もっともその羽織なるものが、裏返しにしても着られるように仕立てたので、便利なものだからだそうである
『アサヒグラフ』（1927〈昭和2〉年9月28日号）

クリスマスの飾り

クリスマスのお祝い
『アサヒグラフ』表紙
本頁『アサヒグラフ』（1927〈昭和2〉年12月21日号）

クリスマス特集は毎年掲載されていた

本頁のようなクリスマス特集は、一九二四（大正十三）年から毎年二頁に、様々なパターンの写真が紹介されていました。昭和五～六年頃になると、国内のクリスマスを祝う写真も掲載され、国内にクリスマスが定着しはじめたことがわかります。

クリスマスプレゼント

一九二八年から ウインタースポーツの記事が 多く掲載されるようになった

この〝冬の信越号〟には、「諏訪湖上のホッケー」とか、「見事なジャンプ」の写真の横に、高梨沙羅選手が苦手にしている「鮮やかなテレマークの姿勢」の写真まで掲載されていて驚きました。

前著『ひと目でわかる「戦前日本」の真実　1936―1945』に芸術・文化・海水浴・ウインタースポーツなどの紹介が少ないのは、大正・昭和初期に比べると、それらの記事が圧倒的に少なかったからです。昭和初期までの『アサヒグラフ』には、中国の記事はほとんどありませんでした。

中国と関わると日本の生活・文化レベルが低下することは、『アサヒグラフ』誌面でも証明されています。

『アサヒグラフ』表紙
『アサヒグラフ』(1928〈昭和3〉年2月1日号)

日本ダボスと称されている菅平新スキー場
『アサヒグラフ』(1928〈昭和3〉年2月1日号)

京都御所で即位の大礼と東京で大礼記念博覧会

（上）紫宸殿大前の儀（下）第一会場全景
上・下『アサヒグラフ臨時増刊』（1928〈昭和3〉年4月18日発行）

昭和天皇は、一九二六（大正十五）年十二月二十五日、大正天皇の崩御を受け、葉山御用邸において践祚《せんそ》して第百二十四代天皇になられ、元号が昭和と改元されました。

一九二七（昭和二）年二月七日に大正天皇の大葬《たいそう》を執り行われました。

そして、一九二八（昭和三）年十一月十日、京都御所で即位の大礼を挙行され、同十一月十四日には大嘗祭《だいじょうさい》として、午前は賢所《かしこどころ》大前《おおまえ》の儀、午後は紫《し》宸殿《しんでん》の儀が行われました。

上の写真は、「大礼記念博覧会号」に掲載されていた紫宸殿の儀を想定した絵図です。

大礼が京都で挙行されることを祝い、その奉祝に一九二八年三月二十四日から同五月二十二日まで、東京上野公園で「大礼記念国産振興東京博覧会」が開催されました。

（上）夜空に照り栄ゆる大礼記念館
（中）公園入口を彩る万歳塔
（下）第二会場全景

第一会場
上・下『アサヒグラフ臨時増刊』(1928〈昭和3〉年4月18日発行)

大礼記念博覧会会場と観覧券

大礼記念博覧会は上野公園が会場になり、第一、第二会場がありました。第一会場には、全国からの名物・特産品の展示、また民芸館や工業研究館など、産業振興の展示もありました。

第二会場には、機械館・国防館・水族館や演劇館もあり、余興もいろいろ演じられていました。その中に〝人間製造〟「科学応用、巧みに美人を骸骨に変じたり、骸骨が女になって躍り出すという奇抜なものです」という写真と解説があり、すぐにでも鑑賞したくなるものもありました。

観覧券

大爆破後の惨状

屋根を飛ばされ目茶苦茶になった張作霖氏の乗った貴客車
上・下『アサヒグラフ』(1928〈昭和3〉年6月13日号)

張作霖爆殺される

張作霖は、欧米に支持された蔣介石の国民革命軍との闘争に敗れ、北京から特別列車で奉天（現・瀋陽市）へ落ちのびて行く途中、一九二八（昭和三）年六月四日午前五時半に、列車が満洲鉄道奉天駅近くの満鉄橋下の京奉線を走行中に爆破され、張作霖が乗っていた貴賓車を含め客車三台が破壊されました。

張作霖は、車で私邸に運ばれましたが、間もなく死亡しています。

この爆破事件は、関東軍の犯罪との〝説〟が定着していますが、使用された爆弾がロシア製だったとの説もあり、また張作霖が乗車していた貴賓車は写真で見ると内部から吹き飛んだように見えますので、最新の科学を使って再検証すると、定説が覆る可能性があります。

大島の大漁　くじら3000頭
6月11日早暁、突然、東京府下大島の新島沿岸にくじらの大群が押し寄せ、全島大騒ぎでついに3000頭を捕獲した。1丈あまりのゴンドウくじらで、ざっと見積もると売価6万円とはでっかい拾いもの。写真：海岸にあげられた鯨
『アサヒグラフ』（1929〈昭和4〉年6月26日号）

鯨や深海魚と大地震の関係

鯨や深海魚が、海岸に打ち上げられたり捕獲されたりすると、その後に大地震が起きると昔からいわれています。

この写真の大島に打ち上げられた鯨三〇〇〇頭は、桁違いの多さですが、実際にこの三年九カ月後に三陸大地震が起きました。

二〇一一（平成二十三）年三月十一日の東日本大震災の一週間前に、茨城県鹿嶋市の海岸にゴンドウクジラが約五〇頭打ち上げられていました。また、その一年前くらいから、富山、福井、京都、山口などで、深海魚「リュウグウノツカイ」が打ち上げられていたのです。

二〇一三年秋頃からは、室戸岬沖など高知県で大量の深海魚「リュウグウノツカイ」や「ホテイエソ」などが定置網で捕獲されています。

今年（二〇一四年）になってから、富山や福井などで次々と深海魚「ダイオウイカ」が網にかかって話題になったり、駿河湾では、生きた化石といわれている深海魚「ラブカ」が、山口県萩市でも深海魚「サケガシラ」が定置網で捕獲されています。

鯨や深海魚と地震の関係は、科学的には完全に証明されていませんが、科学がまだ遅れていて解明できてないだけで、関係があると思われるので、いかに個々人が普段から準備して身を守るかが問われているのです。

『アサヒグラフ』の「現代女性美」誌上コンテスト

一九二九（昭和四）年五月十五日号から始まった「現代女性美」コンテスト候補者の募集は、同年七月三日号の第八回、八〇名で締め切られました。

八〇名の中から選ぶ代表八名の一般投票は、募集が締め切られてから開始されました。審査員は、朝倉文夫・藤島武二・高村光太郎・鏑木清方・柳田國男他四名など、錚々《そうそう》たる芸術家と文化人が最終審査をしていました。

本書に掲載した候補者は、本頁左下の吉田かず子さん以外は代表の八名に入りませんでしたが、独自に選ばせていただきました。

代表に選出された方は、出身地と名前、簡単な経歴も掲載されています。

吉田かず子さんは、「鹿児島県立高女出身の生粋の鹿児島ッ子嬢ちゃん、在学中は熱心な運動家として知られたお方で庭球と水泳とが一番のお得意……」と紹介されていました。

第2回候補者
『アサヒグラフ』（1929〈昭和4〉年5月22日号）

第1回候補者
『アサヒグラフ』（1929〈昭和4〉年5月15日号）

現代の女性代表に選出された8名の1人：吉田かず子さん
『アサヒグラフ』（1929〈昭和4〉年8月7日号）

第4回候補者
『アサヒグラフ』(1929〈昭和4〉年6月5日号)

第7回候補者
『アサヒグラフ』(1929〈昭和4〉年6月26日号)

第6回候補者
『アサヒグラフ』(1929〈昭和4〉年6月19日号)

第5回候補者
『アサヒグラフ』(1929〈昭和4〉年6月12日号)

帝都上空を飛行中のツェッペリン号
『アサヒグラフ』(1929〈昭和4〉年8月28日号)

飛行船ツェッペリン伯爵号が日本に現れる

品川御台場の上空
本社機上から撮影

霞ヶ浦着陸直前
東京、横浜を訪問した後、同じ勇ましい姿で再び飛行場の空に巨体を現した。長い旅程をつつがなく終えた巨体を静かに憩うために（8月19日午後6時頃）
上・下『アサヒグラフ』（1929〈昭和4〉年8月28日号）

一九二九（昭和四）年八月十五日、ドイツから世界一周に飛び立ったツェッペリン号は、品川上空から銀座、上野上空をただよって同年八月十九日午後七時、霞ヶ浦に着陸しました。そのときの様子を「いまや夕陽は落ち、銀色の巨体が静かに着陸した、航程一万キロの長途に疲れも見せぬツェ伯号は霞ヶ浦航空隊員の手で、格納庫に納められようとする瞬間、東の空に美しい満月が現れて、巨体を照らしている（同日午後七時）」と、解説されています。霞ヶ浦にツェッペリン号を出迎えた者が「幾万の群衆」とあり、熱狂的に歓迎されたことが伝わってきます。

そのときの一部始終について、ラジオが「JOAKではツェ伯号の飛来から着陸、歓迎等の模様を中継放送した」とあり、群衆の熱気も伝わってきます。

一九二八（昭和三）年に製作された最新鋭飛行船は、「グラーフ・ツェッペリン号」で、全長二三五メートル、航続距離一万キロの巨大飛行船でした。

旅客運航会社ツェッペリン社は、ナチスに接収され一九三〇（昭和五）年に国有化されるまでが絶頂期でした。

運賃は豪華客船並みでも時間は飛行機に劣り、物珍しさだけでは経営的に厳しかったのです。

エ博士を迎え、首相の乾盃（前列右から小泉逓相・濱口首相・エッケナー博士）
上・下『アサヒグラフ』（1929〈昭和4〉年8月28日号）

ツェッペリン号は国民的関心事だった

ツェッペリン号の飛来は国民だけでなく濱口首相や小泉逓相も関心を寄せていたことは、「八月二十日朝入京したエッケナー博士、同令息およびレーマン第一船長等は首相を訪問した」と、訪問を受け入れるだけでなく、祝って乾杯をしていたことでわかります。

右の写真は、一九二九（昭和四）年八月二十八日号の『アサヒグラフ』の表紙ですが、銀座、松坂屋の屋上は立錐の余地のない群衆が押し寄せ、「この瞬間ばかりは、さすがの銀座街も無人の鏡のように静かだった」とあり、そのときの熱気が写真から伝わってきます。

一連の写真を見ていて驚いたのは、巨大なツェッペリン号を収納できる格納庫が、霞ヶ浦飛行場にあったことです。

「ツェ伯号飛来記念号」表紙

世界最大の建築
『アサヒグラフ』（1930〈昭和5〉年6月18日号）

世界的な関心事はリアルタイムで紹介されていた

中国が内乱状況になっていても大きな危害がなかったので、『アサヒグラフ』誌面には、戦争を匂わせる報道はまだ、ほとんどありませんでした。

米国の世界一好きは、現在の中国に似ていますが、「高さでは世界一とはゆかないが、各階面積の広い点では世界に類のないシカゴの商品市場建築。ほとんど完成に近づいて、また世界一好きの米国に、自慢の種が増えた」と、記者も米国を少し揶揄《やゆ》しています。

同号には、「英海軍の新潜水艦」の写真が、このビルの写真より大きい写真で紹介されてます。キャプションには「最近、英国で試運転をしたP型潜水艦六隻の中『パーシーアス』号。この型の艦は、一五七〇トンほどで、四インチ砲一門、二一インチ口径の水雷発射管を八門装着している。……同海軍で目下建造中のものはR型四隻である」と、諸外国の情報は詳細に分析して、国民に知らされていました。

その他には、「世界最大の航空機試験飛行」とか、「インドの反英運動」「印度はどうなる？　黎明に輝く二明星　ガンジーとナイヅーの印象」と、インドが置かれていた厳しい状況を八木長人特派員が詳細にレポートしていました。

ク・クラックス・クラン
覆面のテロリズム、黒人および外国人、カトリック教徒等には無気味な脅威、米国アトランタ市に本部を構える例のク・クラックス・クランは、近頃またまた労働者2人惨殺事件からアメリカ南部諸州に大きな社会問題を起こした。写真：首脳部連約200人がフロリダのホームステッドに集まり、その対策を熟議中
『アサヒグラフ』（1931〈昭和6〉年4月22日号）

アメリカの暗部、人種差別秘密結社

この写真に写っている米国「クー・クラックス・クラン」（ＫＫＫ）は、白人至上主義を掲げている秘密結社で、現在に至るも存在は確認されています。

プロテスタントでアングロサクソンを尊重する、いわゆる「ＷＡＳＰ」（ゲルマン民族も含む）を基本とし、それ以外の人種の市民権や同性愛者、カトリック、フェミニズムなどを批判の対象にしています。

実際、三角帽子の中の顔はわかりませんが、一九二四（大正十三）年に米国が施行した人種差別法案「排日移民法」の趣旨と、ＫＫＫの白人至上主義はさほど変わらないので、当時の米国の権力機構とＫＫＫが水面下で連携していた可能性は否定できないのです。

実際、人種差別を基本とした秘密結社にとっては、自分たちの立場を脅かす有色民族が最大の脅威なのであり、当時、有色人種で唯一、世界五大国になっていた日本人が最大のターゲットになっていたことは間違いありません。

それゆえ、第二次世界大戦時、米国の敵国になっていたドイツ人（ゲルマン民族）は白人であるので、ドイツ人には隔離政策を実施しませんでした。

リンドバーグ大佐夫妻の東洋訪問
The Lindberghs come to Japan
『アサヒグラフ』表紙
『アサヒグラフ』(1931〈昭和6〉年8月26日号)

空の大使リンドバーグが日本の空へ

繋留作業中のリンデイ氏と操縦席内の夫人
上・下『アサヒグラフ』(1931〈昭和6〉年9月2日号)

「翼よ　あれが巴里の灯だ」のセリフで有名なリンドバーグが、アン夫人を伴って、北太平洋横断航路調査のため、ロッキード社製水上機シリウス号でワシントンを飛び立ったのは、一九三一（昭和六）年七月二十八日でした。

同日にニューヨーク着、カナダのオタワ着が同七月三十一日でした。その後、アラスカを経由して同八月二十三日に国後、そして根室には同八月二十四日午前七時五十一分に着水しました。上下の写真は根室での繋留作業中のものです。

一九二七年五月二十一日の大西洋横断単独飛行から、四年目の北太平洋横断飛行でした。

この頃、日本とヨーロッパの間は、様々な横断飛行が行われていましたが、北太平洋横断飛行は、リンドバーグ夫妻が初めてでした。

ランチに乗り移って根室に上陸する夫妻

根室の波止場に上陸した夫妻
上・下『アサヒグラフ』(1931〈昭和6〉年9月2日号)

リンドバーグの『第二次世界大戦日記』と日本訪問

リンドバーグ大佐は、第二次世界大戦に関して、アメリカが英国やヨーロッパの戦争に巻き込まれることに反対して、孤立主義をルーズベルト大統領に進言したのですが、戦争を望んでいたルーズベルトに、陸軍のすべての役職を解かれていました。

彼は南太平洋の島々に民間会社のパイロットとして数十回訪れ、米軍とオーストラリア軍の、日本人に対する「惨殺」現場の数々を日記に綴っていました。それが『第二次世界大戦日記(下)』として、戦後、出版されたのです。

人種問題に公正だったリンドバーグ

リンドバーグは、『第二次世界大戦日記（下）』の最後に、〈ドイツ人がヨーロッパでユダヤ人になしたと同じようなことを、われわれは太平洋でも日本人に行ってきたのである。……「汝《なんじ》ら人を裁くな、裁かれざらん為なり」この戦争は……あらゆる諸国民に恥辱と荒廃とをもたらしたのだ〉と結んでいました。

日本訪問で日本人の心情に触れたリンドバーグは、日本人を凶悪な民族とは見ていなかったのです。

根室町民に囲まれた自動車
上・下『アサヒグラフ』（1931〈昭和6〉年9月2日号）

群衆に挨拶する夫妻

行く先々で大歓迎されていたリンドバーグ夫妻

出淵大使とリンデイ夫妻
『アサヒグラフ』(1931〈昭和6〉年8月26日号)

リンデイ夫妻の歓迎会　安保海相の挨拶
『アサヒグラフ』(1931〈昭和6〉年9月2日号)

上の写真は、「日本訪問の許可を出願のためワシントンの日本大使館を訪問したとき、出淵大使は夫妻を招いて宴を張った。左から出淵大使、リンドバーグ夫人、出淵大使夫人、リンドバーグ大佐」と、解説されています。

下の写真は、霞ヶ浦に上陸した後、霞ヶ浦第一士官宿舎での歓迎会の一枚です。このとき日本軍もリンドバーグの北太平洋横断飛行に協力していたことで、当時、米軍大佐として、日本軍人の行動や人間性を客観的に観察していたと思われます。

日本人が、日米で戦った戦争の本質を知りたければ、リンドバーグの『第二次世界大戦日記（下）』は必読書です。同書は学研M文庫から『孤高の鷲（下）』として復刻出版されています。

リンドバーグ夫妻が霞ヶ浦に着水したときと上陸したときの模様

根室町民に大歓迎されていたリンドバーグ夫妻は、霞ヶ浦でも同じように歓迎されていました。その後、大阪と福岡に立ち寄ったことで、日本人の本質を十分感じとれたと思われます。

リンドバーグ夫人は、このときの北太平洋横断飛行を題材に、『翼よ、北に』との小説を上梓しており、日本でも同名のタイトルで、みすず書房から出版されています。

霞ヶ浦に着水刹那のリンデイ機（8月26日午後2時9分）
上・下『アサヒグラフ』（1931〈昭和6〉年9月2日号）

霞ヶ浦上陸の夫妻

花束に埋まる夫妻
上・下『アサヒグラフ』(1931〈昭和6〉年9月2日号)

滑走台についた
リンデイ機

上の写真の花束は霞ヶ浦で送別のときのものです。

リンドバーグ夫妻は霞ヶ浦から飛び立った後、リンドバーグは、1970(昭和45)年に大阪万博を訪問していました。

彼の波瀾万丈の人生の終末は、ハワイのマウイ島に移り住み、いつも太平洋の彼方を見つめながら暮らし、1974(昭和49)年に72歳で息を引きとり、ハワイ州キパフルのパラパラ・ホオマウ教会墓地に永眠しています。

戦争の影が感じられない誌面

満洲事変が起きていても局地的な争乱で、この号の誌面には〝単純美に生きる新しい照明〟や〝街の科学者〟の特集。そして、〝近づく帝展に魂を打ち込む人々〟の特集には、制作中の画家と彫刻家の作品が大きな写真で九枚も紹介されています。

この照明写真の左側上下は、東郷青児邸のもので「東郷青児氏の新造アトリエの一隅。白と黒との色彩以外にないこのアトリエでは、機械的な灯具が、むしろそれ自身の存在を明確に主張する」と解説され、東郷青児が照明デザイナーになっていても一流だったことがわかります。

この照明特集は、前号と二週にわたって特集されていて、当時の照明が「単なる用具」から「理想的な環境を造り出すための演出器具」として、変化していたことがわかります。

単純美に生きる新しい照明
『アサヒグラフ』（1931〈昭和6〉年9月30日号）

それを実践した写真「光築」に、「照明器具を建築物の内部に入れる最近照明界の傾向を巧みに日本座敷に応用したもの。とかく光が散漫に陥りやすい広間が華かな光で満され、頭上の灯具の圧迫を感じない点、光築と称する新様式の誇るところであろうか」と、解説されています。

現在、発売されている一般的な戸建てやマンションの和室の照明器具より、間接照明になっている分、高級な雰囲気を醸し出しています。

戦後の「十五年侵略戦争史観」のからくり

写真に「満洲事変画報」とありますが、この号の三一頁中三頁しか満洲事変の記事はありません。その他は前頁で解説したとおりです。戦後、この三頁の部分を針小棒大に扱って、その他を封印してきたのが実態だったのです。

GHQ占領下から現在まで、わが国は長い間、言論統制をされている状態といっても過言ではないと思っています。

その根本には、一九四五（昭和二十）年九月十九日に発令された検閲の指針を示した「プレス・コード」があるのです。

戦後、日本国民は、米国が自由と民主主義をわが国に与えたと徹底的に洗脳され、それを日教組を中心とした団体が教育の現場やマスコミをコントロールして、現在に至っています。

米国の日本人に対する洗脳は、まずメディアにターゲットを絞り、同九月一日、同盟通信に「連合国側の不利益になるニュースの配信禁止」を指令。同九月十日には、GHQ民間検閲支隊が、NHKラジオ放送の事前検閲を開始していました。

現在、日本政府もマス・メディアも、米国や中国そして韓国に対して腰が引けた対応をしている原因は、「プレス・コード」三〇項目の条文で、次に列記した主な禁止事項を見ると理解できるでしょう（条文は江藤淳『閉された言語空間』文春文庫より）。

1、SCAP：連合国最高司令官または占領軍総司令部批判／2、極東国際軍事裁判批判／3、SCAPが日本国憲法を起草したことに対する批判／4、検閲制度の言及／5、米国に対する批判／6、ロシアに対する批判／7、英国に対する批判／8、朝鮮人に対する批判／9、中国に対する批判／10、他の連合国に対する批判／13、連合国の戦前の政策に対する批判／22、戦争犯罪人の正当化および擁護（筆者注：靖国神社問題の本質はこれです）／23、占領軍兵士と日本女性との交渉（筆者注：占領下に米軍兵士が日本人女性数千名を強姦していたことの封印が目的でした）

「満洲事変画報」表紙
『アサヒグラフ』（1931〈昭和6〉年9月30日号）

満洲事変以前から現在も変わらない中国の条約無視

満洲事変に至る道程は、日清戦争で勝利した日本が、清国と取り交わした下関条約（一八九五〈明治二十八〉年四月）で、清国は遼東半島の割譲を約しましたが、清国は、当時、軍事大国だった三カ国（ロシア・ドイツ・フランス）をそそのかして、日本に遼東半島の還付を勧告させたので、日本は清国に還付せざるを得ませんでした。これが、日本との条約を中国が反故《ほご》にする嚆矢《こうし》だったのです。

そして日露戦争後に日本が清国（中国）と取り決めていた条約をことごとく無視していた無法国家中国と、法治主義に基づいた施政を行っていたわが国は、溢れ出そうなコップに最後の一滴を垂らすかのような状態だったのです。

実際、一九三一（昭和六）年九月十八日に、関東軍兵士が爆破した柳条湖事件（満洲事変）の満洲鉄道線の被害は、破損箇所が上下線合わせて一メートル足らずと枕木二本だったので、直後に奉天行きの列車は通過できていたのです。

ここまでに至る要因を検証することは、現在の中国が、一九七二（昭和四十七）年の日中共同声明を無視して、賠償を要求する行動に出てきた目的が理解できるようになるでしょう。

中国は、日本からの円借款など様々な援助で為政者が豊かになると、円借款などを踏み倒すだけでなく、鉄道や民間が投資した工場などの権益を奪い取る目的で抗日・侮日世論を煽《あお》り、それらを平定する目的で軍隊を出動させた日本だけを「侵略した」などの虚言を弄して非難し、

奉天に到着したわが軍用列車

奉天将軍公署を占領した日本軍
上・下『アサヒグラフ』（1931〈昭和6〉年9月30日号）

日本が投資した鉄道や民間の工場などの権益をすべて強奪することが今も変わらない漢民族の伝統なのです。

戦後教育で、昭和初期からの中国のやり口を学んでいたら、経済界は中国への投資を控えていたことでしょう。

日露戦争の結果、日本は清国（中国）と「日清満洲に関する条約附属取極め」（一九〇五〈明治三十八〉年十二月）第三条で「清国政府は南満洲鉄道の利益を保護するの目的をもって該鉄道をいまだ回収せざる以前においては、該鉄道附近にこれと併行する幹線または該鉄道の利益を害すべき枝線を敷設せざることを承認す」と、約定していました。

それにもかかわらず、一九〇七（明治四十）年、清国は英国資本を導入して併行線を計画したため、日清間で軋轢《あつれき》が起きました。

それを踏まえて、一九〇九（明治四十二）年九月四日、日清間で「清国政府は新民屯—法庫門間の鉄道を敷設せんとする場合には、あらかじめ日本国政府と商議することに同意す」と、約定したのです。

一九一五（大正四）年五月二十五日に締結した〝日華条約〟で「日本国臣民は南満洲において、各種商工業上の建物を建設するため、または農業を経営するため、必要なる土地を商租（譲渡）することを得」と規定していましたが、中華民国は、その調印一カ月後の同六月二十六日付大統領令で「懲弁国賊条例」を発布して、「日本人に土地を商租した者は『売国罪』として死刑に処す」と規定したのです。本来、国家間の条約は国内法に優先しますが、それらの国際的な法理が逆転することが中華思想の核心なのです。

以上の条約を中国側が履行していたら、日本が

安東警察署の警備（18日夜）
本頁『アサヒグラフ』（1931〈昭和6〉年9月30日号）

安東公安隊武装解除後の武器弾薬（19日午前）

奉天附属地境界線浪速通りの警備

米婦女子の救出
天津海光寺前の支那陣地にあるメソジスト教会内のアメリカ婦女子を救い出して、わが陣地に引き揚げるアメリカ副領事と武官一行
『アサヒグラフ』（1931〈昭和6〉年12月16日号）

戦争に巻き込まれることはなかったのです。

一九二七（昭和二）年に張作霖は、米国の資本協力を得て南満洲鉄道の併行線を敷設していました。

一九三〇（昭和五）年だけで、南満洲鉄道とその附属地における被害は、関東庁警察で取り扱った被害事件が一二九四件もあり、関東軍が扱った事件も「運行妨害・貨物被害＝六〇件」「電線妨害＝二〇件」などがあったのです。

満洲と朝鮮国境地域では、中国人と朝鮮人の争いは激烈を極め、一九三一（昭和六）年七月四日『南鮮版朝日新聞』には、「万宝山事件で仁川の朝鮮人憤慨し、支那町は刻々に危険」とか、『西北版』同七月五日付には「京城の鮮支人衝突事件 衝突、破壊、脅迫、傷人 市内の各所に頻発す支那人街休業の姿」などと、当時の『朝鮮版朝日新聞』には連日、朝鮮人と中国人の衝突記事が掲載されていました。すでに戦争状態の様相を呈していたのです。

関東軍兵士を激高させた事件は、一九三一（昭和六）年六月二十七日、中国東北部を調査していた中村震太郎大尉が張学良軍に惨殺され、遺体が焼き捨てられたもので、それが「コップがあふれる一滴」になったと思っています。

関東軍は、米国が張学良を支援していたことを承知していても、米国の民間人を手厚く保護していました。

戦争とは無縁の「メイクアップのコーチング」

満洲事変から一カ月過ぎた頃の誌面には、戦闘を連想させる記事はありません。一九三一（昭和六）年十月十四日号には、米国配信の「女野球団と大統領」とか、「黒い美人の審査会」や〝秋の尖端装〟特集には、「ビロードの編帽子」「秋のパジャマ」「ビロードの衣」「夜会服」など、ため息がでるほどゴージャスな衣装の写真が掲載されています。

いま流行の明眸（ひとみ）美
『アサヒグラフ』（1931〈昭和6〉年11月11日号）

同十月二十一日号は、本書の表紙に写真を使いましたが、海外ニュースとして「チョコレートの塔」「ミス・ベルギー」「英米女剣客試合」（フェンシング）、そして「英空軍の新鋭」では、軍隊輸送機が紹介されていました。

上の写真のモデルは、米MGMのスター、アニタ・ページさんが「睫毛《まつげ》のカール」〈ながい睫毛の、上向きにカールしたものは、ほんとうに魅力のあるものです。それには、こんな睫毛カーラーを使います〉→「睫毛の栄養」→「眼の栄養」→「眉毛のカーヴ」〈遠山の眉などと、形容は古いが、なだらかなカーヴは美容の第一義です。それには指先で快いカーヴを絶えずつけてください。毛並がだんだんとそろってきます〉→「眼の罨法《あんぽう》」→「眉毛の線」〈美しい眉の線を出すには、まずうすく眉墨をひいて、線からはみでている毛は抜きとります〉と、メークアップの手法が詳しく解説されていました。

官民一体の排日・侮日運動と円借款の踏み倒し

満洲事変前には、南京国民政府が排日を奨励する訓令を発し、学校や軍隊で排日教育を宣伝する手段として、排日唱歌と排日軍歌まで歌わせる徹底ぶりだったのです。

一九九〇年代に江沢民中国国家主席が反日教育を徹底していたときと満洲事変前の排日教育は、ほとんど同じです。日清戦争後に中国へ提供した円借款について、一九三三（昭和八）年七月三十日付『大阪朝日新聞』には次のように報道されています。「南京政府の手によって処理せらるるに至らば（筆者注：欧州列強の借款）その幾分は必ずや抗日資金として使用せらるべきは明らかであり、したがって列強の対支借款は連盟の対支技術協力とともに平和を攪乱するものといってよい、対支借款はいわゆる西原借款などの政治借款と称せられるものを合算すれば、いまや元利合計一〇億円にも達しているが、この政治借款について南京政府は全然責任なきが如き態度を執っており、その不都合は別に考慮するとしても、なお明らかに南京政府において償還の義務を有しながら知らざる振りをせるものの主要なるものを挙げると、次のようになっている。……このほ

学生の暴行
12月9日、上海の学生は抗日のため暴行事件を起こした
上・下『満洲事変写真全集：アサヒグラフ臨時増刊』（1932〈昭和7〉年2月5日発行）

排日ポスター

対日宣戦落書

国際友誼を破壊する排外ポスター
本頁『満洲事変写真全集：アサヒグラフ臨時増刊』（1932〈昭和7〉年2月5日発行）

宣伝ポスター

か南京政府軍需借款、陸軍被服借款、第一次軍器借款、印刷局借款、済順、高徐両鉄道借款、参戦借款など国庫券を担保とせる借款は約一億二〇〇〇万円ある。これら南京政府として逃れ難い厳然たる担保を提供しておりながら、最近数年間は利払いをもなさず、はなはだしきものは大正十三年以来不払いになっているものもある。よって現在これらの元利金を正確に計算すれば三億円に達するであろう。しかもいずれも元利償還期限のあるものであるが、支那の財政の状態を考慮して断乎たる処置を執らずに来たものである」と。ちなみに、当時の一〇億円は現在の三兆円相当です。

　ヨーロッパ列強の対中借款は、最大の対支借款を提供していた日本の借款を「踏み倒す」ための「排日ビラや運動」に利用されていたのです。これらの円借款は、排日・侮日から日支事変への流れで「踏み倒され」たのです。結局、列強五大国でババを引かされたのは日本だけだったのです（記事は151頁参照）。

戦時国際法では認められていない「便衣兵」

隙を見せれば突然兵士に化けて、隠し持ったピストルを発砲したり、手榴弾を投げつけたりする卑怯なゲリラが、中国では伝統的な戦闘形態なのです。一九三七年十二月十三日、南京城陥落のとき、街路に大量の軍服が脱ぎ捨ててあったことで、脱ぎ捨てた軍服と同数の便衣兵がいたことになり、軍民選別作業に手こずっていたのです。

いずれにしても、日本が法治国家として、これからも生き抜いていくには、中国との腐れ縁を断ち切るときが来ているのです。

ピストルを持っていないか？　うわぎをひろげて見せろ
本頁『アサヒグラフ』（1932〈昭和7〉年3月23日号）

とうとうつかまった便衣隊

世界で初めてビタミンAの大量抽出に成功していた理化学研究所

ヴィタミン研究の始祖
『アサヒグラフ』（1932〈昭和7〉年2月24日号）

ビタミンは、いまでは普通にサプリメントで補給できるようになっていますが、大正時代に日本がビタミンAの大量抽出の技術を発見して、理化学研究所が世界に先駆けて大量製法を確立したときの特集記事です。

世界で最初にビタミンの研究を始めたのは鈴木梅太郎・農学博士でした。「ヴィタミンAは学理上からいえばかなり以前から知られていました。しかしそのAという奴を純粋に取り出すことには各国とも非常に苦心していましたが、大正十一年七月に、この研究所の鈴木梅太郎博士の指導のもとに高橋克己氏が、肝油から比較的簡単な方法で製り出すことに成功しました。このときばかりは、さすがの欧米の学者連もアッといったものであります」と、理化学研究所は、戦前から、世界中の研究機関が注目していた存在だったのです。

また理化学研究所は面白い酒をつくりだしていたようです。それは、「いっさい米を使わないで立派に酒の合成に成功して、さかんに理研酒の名前で売り出しています」とあり、これは現在の「合成清酒」のことのようです。

私たちに馴染《なじ》みのあるのは、理研の「ふえるわかめちゃん」ですね。

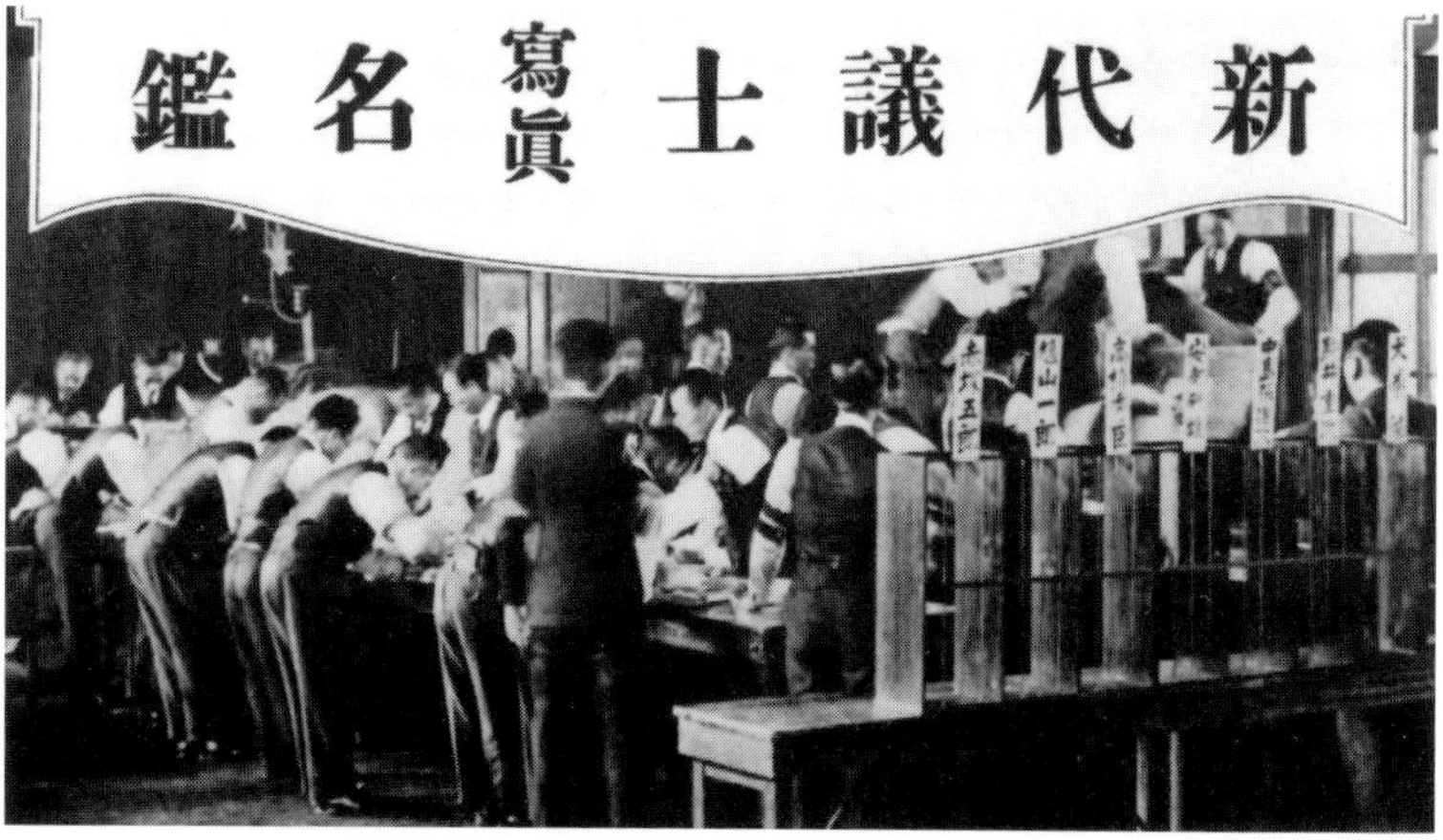

開票作業
上・下『アサヒグラフ』（1932〈昭和7〉年3月2日号）

朝鮮人最初の代議士
朴春琴氏

衆議院議員に当選した朴春琴

現在、韓国では、「日韓合邦」を植民地として搾取したなどと歴史を無視して批判していますが、実際には一九〇五（明治三十八）年の保護国時代から終戦までの間、一九三三（昭和八）年以外、毎年、日本は韓国へ財政補塡をしていたのが真実なのです。

朴春琴は、慶尚南道で一八九一（明治二十四）年に生まれ、日本語学校で学び、一九〇六（明治三十九）年に来日して、土木作業員から身を立て、在日朝鮮人労働者の扶助団体を立ち上げ、一九二一（大正十）年、親日融和団体「相愛会」の副会長に就任していました。

この当選したときの選挙区は、東京府四区（本所区・深川区）でした。かりに韓国が植民地だったのであれば、たとえばフィリピン人が米国下院議員に当選することであり、ビルマ人が英国下院議員に当選することになるのですが、あり得ないことが日本では現実にあったのです。

国政選挙の看板にハングルも認められていた

日本は、一九一九（大正八）年にパリ講和会議において、「人種差別撤廃決議案」を提出しましたが、一九三〇（昭和五）年の国政選挙からハングルの看板も認めていた写真があります。これは人種差別をしない国是を自ら実践していたことを証明できる証拠です。

総選挙告知ポスター
本頁『アサヒグラフ』(1930〈昭和5〉年2月12日号)

立候補者の立て看板

朝鮮文字
今度の選挙から朝鮮文字も有効となった。これまで必要な文字を知らないため権利の上に眠っていた人々にも黎明が来たのだ。そこをねらって、早くもこの方面に進取を企てた候補者もある

『独立展号：アサヒグラフ臨時増刊』（1932〈昭和7〉年3月25日発行）

日本洋画壇をリードした独立展の創生期

日本洋画壇史に燦然《さんぜん》と輝いている「一九三〇協会」は、佐伯祐三・前田寛治などが呼びかけ、その展覧会から派生したのが〝既存の団体からの絶縁と新時代の美術の確立〟を宣言して創設された独立美術協会でした。

創立会員は、二科会から中山巍《たけし》・児島善三郎・林武など、春陽会から三岸好太郎、フランスから帰国した福沢一郎・伊藤廉などが参加していました。

第一回独立展は、一九三一（昭和六）年一月に開催されました。

そのときの模様を、日本の美術評論家の草分けとして戦前活躍していた外山卯三郎は、「第一回展にわずか十七歳で三点入選した河瀬道雄という天才画家が出現していた」とおっしゃっていました。その河瀬道雄の作品は、『アサヒグラフ臨時増刊』第二回独立展号に創立会員とともに作品が掲載されていました。外山卯三郎が驚愕したとおり、この作品を観ると、戦後の洋画壇の重鎮たちの作品と比較しても、その才能は一目瞭然です。

「黒衣少女」
河瀬道雄
『独立展号：アサヒグラフ臨時増刊』（1932〈昭和7〉年3月25日発行）

「画家とモデル」
中山　巍
『独立展号：アサヒグラフ臨時増刊』（1932〈昭和7〉年3月25日発行）

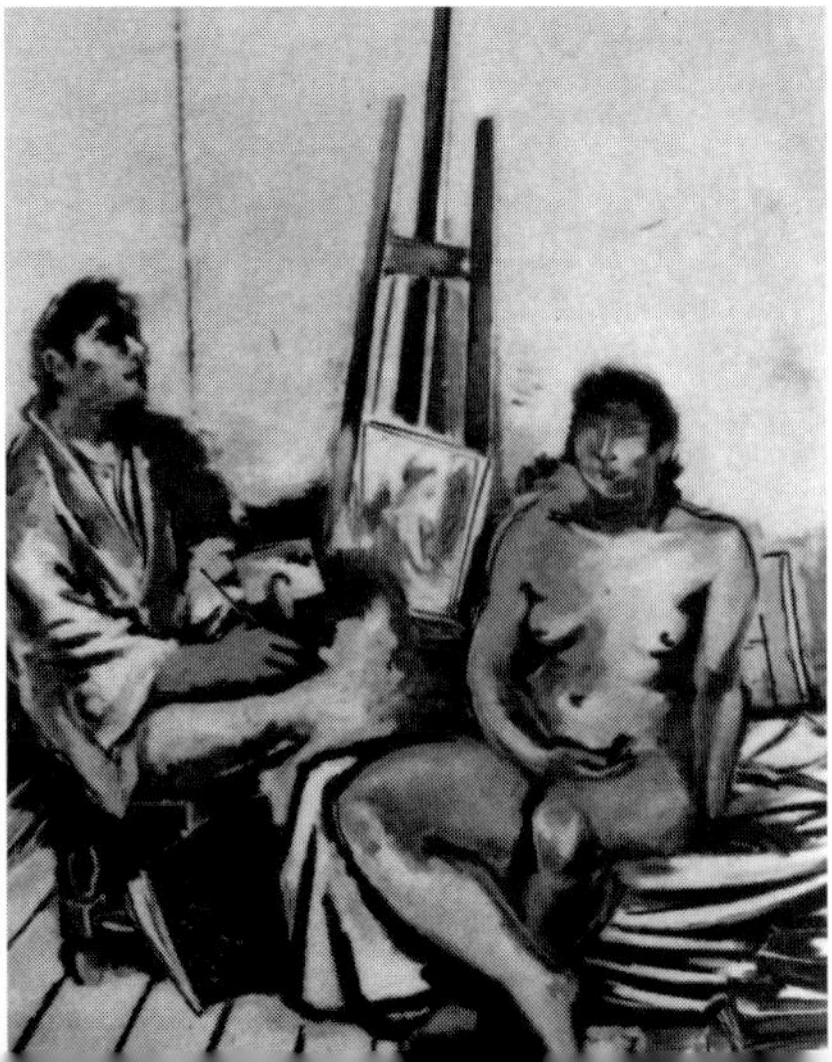

「夏」
伊藤　廉
『独立展号：アサヒグラフ臨時増刊』(1932〈昭和7〉年3月25日発行)

「少女」
林　武
『独立展号：アサヒグラフ臨時増刊』(1932〈昭和7〉年3月25日発行)

「両道二つながらに」
福沢一郎
『独立展号：アサヒグラフ臨時増刊』(1932〈昭和7〉年3月25日発行)

戦後の洋画教育を指導した画家

戦後、東京芸術大学で、安井曾太郎から引き継いで、一九五二(昭和二十七)年に教授に就任した林武。そして美術学部長を務めていた伊藤廉。福沢一郎は一九三九(昭和十四)年に美術文化協会を結成し、戦後、多摩美術大学・女子美術大学で教授を歴任し、一九九一(平成三)年に文化勲章を受章しています。

実際、文化勲章は、芸術家としての評価と相容れないこともあります。

在野作家として活躍していた画家

三岸好太郎は、一九三四（昭和九）年に三十二歳で夭折しましたが、美術史に刻まれており、画家個人の三岸好太郎道立美術館が設置されています。この『アサヒグラフ臨時増刊』号には、吉田節子（三岸節子）の作品も掲載されていました。

角浩は新制作協会、井上長三郎は自由美術協会、大野五郎は主体美術協会の重鎮として戦後も活躍していました。

「女の子」
角　浩
『独立展号：アサヒグラフ臨時増刊』（1932〈昭和7〉年3月25日発行）

「道化役者」
三岸好太郎
『独立展号：アサヒグラフ臨時増刊』（1932〈昭和7〉年3月25日発行）

「風景」
井上長三郎
『独立展号：アサヒグラフ臨時増刊』（1932〈昭和7〉年3月25日発行）

「かまど師」
大野五郎
『独立展号・アサヒグラフ臨時増刊』（1932〈昭和7〉年発行）

欧米文化が日本でも定着し始めていた頃

一九二三（大正十二）年に創刊された『アサヒグラフ』には、欧米の文化や科学・ファッション・生活など、様々な情報が毎週紹介され、生活に取り入れられてきましたが、この号では「これが本格です、欧米のカフェとバアー」として、写真が紹介されていました。そしてカフェは酒を飲んで男子の遊ぶ所であるとするならば、「日本の欧米のカフェはカフェ（珈琲）を飲んで老若男女すべての市民の楽しむ場所であるといえる……欧米のカフェは家庭の延長であり、公然たる社交機関であり、休息の場所であり、また時に書斉、図書館の代りになるものでさえもある」と、現在の喫茶店にも通じるような解説をしていました。

パリのカフェ
パリに遊んだ人なら何人《なんぴと》でも知っているモンパルナスの角にあるカフェ「ドーム」
上・下『アサヒグラフ』（1932〈昭和7〉年5月18日号）

ローザンヌのカフェ
戦債賠償会議が開かれているスイッツル ローザンヌの町の、湖畔のカフェ

最近の犬養首相

襲撃された警視庁を見物する人々

左・右『アサヒグラフ』(1932〈昭和7〉年5月25日号)

5・15事件が政治の流れを変えた

クーデターを狙った5・15事件は、日本の政治に暗雲を漂わす分岐点になっていました。『アサヒグラフ』には、「五月十五日午後五時半頃を前後して、組織的な大陰謀が疾風迅雷的に帝都を震撼させた。いずれも陸海軍々人等で、ピストル、手榴弾の凶器をもって自動車に分乗、隊伍を分かち首相官邸、警視庁、牧野内府邸、日本・三菱両銀行等を襲撃し、その別働隊と見られる一団は、市内外数カ所の変電所を襲い、帝都を暗黒化せんと企てた。犬養首相は凶暴な前記一味のピストルに乱射され、ついに同夜逝去し、……陸海軍省の発表によると、その一味が帝国内の現状に憤激し、非常手段に訴え、この不祥事件を惹起したのだという。関与せる陸海軍の人員は陸軍士官候補生一一名、海軍中少尉六名、合計一七名……」と、襲撃場所とメンバーを明らかにしていました。

犬養首相は、孫文と親交があり「日本は中国から手を引くべきだ」と持論を述べていました。そのため、陸軍大陸派と新興財閥の不興を買っていたのです。

同誌面で美土路昌一は、「犬養首相の暗殺はその場所と方法とにおいて明治維新後、空前の事件であるとともに、また、その性質においても実に空前の深刻性をもっている」と、日本の政党政治への危機感を述べていました。

日本の伝統文化への回帰も散見していた

欧米文化を紹介してきた『アサヒグラフ』に、日本の伝統文化の揺り戻しとして、京都の伝統を検証する特集を掲載していました。

左上の写真は、京都の〝一力茶屋〟ですが、「祇園精舎の鐘の声、沙羅双樹の花の色とともに伝統と因縁のさしもに古いのを誇った一力も、打ちめぐらした紅殻《べんがら》塗《ぬ》りの高塀と柿色染めの暖簾《のれん》をもってしても、移りかわる時の流れを堰《せ》きとめることはできなかった。……『げいこはん』にしてみてもご覧のとおりの近代色明朗たるもので、それにお供の『をなごしさん』までが白の前かけに、髪にはアイロンでもあてようというありさまです……」とあります。伝統が守られている現在の京都を見れば杞憂《きゆう》だったのです。

滅び行く祇園情緒
『アサヒグラフ』(1932〈昭和7〉年7月13日号)

祇園の異邦人
これは確かに「昨日」までのここには異邦人であったのです。が「明日」の祇園は、ほどなくこれらの人々で氾濫するでしょう

島田とボブ
これが祇園花見小路の午下りに見た、偽らないカメラの眼です。端的に言えば、今日の祇園には、だから混沌として、そこに相せめぐ時の激流をまざまざと見るのです

京都祇園祭の山車
左・右『アサヒグラフ』（1932〈昭和7〉年7月27日号）

現在と変わらない祇園祭

観光で京都を訪れた中国人は、京都の伝統文化に圧倒されていることが、インターネット上に散見されます。

中国人のかわいそうなところは、「日本人はあまり好きになれないが京都や日本の街は好き」など、街を造って伝統を維持しているのが日本人だという当たり前のことが、わかっていないことです。

夏を彩る祇園祭は、清和天皇の貞観時代（八五九〜八七七年）から八坂神社の祭礼として一カ月間行われています。

美しく飾られた山鉾は、重要有形民俗文化財として、現在も変わらず、町々を揃いの衣装で練り歩いています。

黄昏《たそがれ》どきになると、鉾に提灯《ちょうちん》がともり、祇園囃子《ぎおんばやし》が響き渡り、宵山《よいやま》気分がみなぎっている姿も同じです。

山鉾の中でも名だたる長刀《なぎなた》鉾には、今でも稚児《ちご》さんが乗ることも昔ながらの伝統で、市中巡行の山鉾から見物人に撒かれる「チマキ」を喰えば、一年中、無病息災、家内安全といわれていることも、昔も今も同じです。

世界文化遺産に登録された京都の神社仏閣は、人間の遺伝子と同じように、絶え間なく過去・現在・未来へと伝わっていく圧倒的な存在感を誇っています。

いまや京都は、日本だけでなく世界の宝物ですが、その京都が応仁の乱などの歴史ではなく、消滅の危機にさらされたときがあったことは、あまり知られておりません。

戦後、京都は文化遺産としての価値を評価していた米国

鈴なりの人の顔
山鉾の通る道筋の家は、みな二階に毛氈《もうせん》を敷いて親類、縁者、知人を招いて山鉾見物。山鉾の美しさを褒め、音頭の美声に感心し、わけて町内の鉾が来れば、乗っている顔見知りに盛んに声援を送るのだ
上・下『アサヒグラフ』(1932〈昭和7〉年7月27日号)

殿《しんが》りの舟鉾
例年19台の鉾の殿りを務めることになっている、これは舟鉾。乗った子供たちの囃子囃子の音を最後に、山鉾見物の人たちも散っていく

が、空襲を避けていたと語られていますが、それはGHQ占領下の政治宣伝であり、実際には、原子爆弾投下の対象都市に指定されていて、被害調査データを収集するため、空襲しなかったことが明らかになっています。

　昭和天皇のご聖断が一週間遅れていたら、京都は原爆で廃墟になっていた可能性がありました。これは、天皇陛下と京都の歴史的な絆によって救われたのではないかと思っています。

一九三二年夏の日本は華やいでいた

『アサヒグラフ』一九三二（昭和七）年八月十日号は、今まで長い間、あまりにも多く欧米のファッションを紹介し続けてきたことへの反省か、〝帯に見る夏の女〟特集で、見開きに一四枚の写真すべてを着物で埋め尽くしていました。

照れか、単に性格が悪いのか、いまなら「セクハラ」と批判されるような記者のコメントが複数ありました。「三人の女：三人の年増、とりどりの帯、やはりお値段の高いほど品がよくなるのは、資本社会組織の通弊ですかネ」と、皮肉全開です。

左の写真は、「新東京景物詩」完結編のものですが、今と変わらない夏の銀座風景です。

銀座風景
上・下『アサヒグラフ』(1932〈昭和7〉年8月10日号)

エロチック観帯
このクワルテットは、細い太いの相違はあっても、年頃、恰好、似たりや似たりグラジオラス（花あやめは時期が過ぎたのでネ)。帯に若さを見せています

ロサンゼルス・オリンピックの前畑秀子さん

女子200メートル平泳決勝のゴール一等、デニス嬢（豪）。二等、前畑嬢
上・下『アサヒグラフ』（1932〈昭和7〉年8月31日号）

喜びの前畑嬢

上の写真は、前畑秀子がロサンゼルス・オリンピックの二〇〇メートル平泳ぎで、あと〇・一秒及ばず、銀メダルになった瞬間のものです。

先着したオーストラリアのクレア・デニスが不安げに前畑を見ている姿から、臨場感が伝わってきます。

前畑はこのロサンゼルス・オリンピックの悔しさをバネに練習し、翌年二〇〇メートル平泳ぎで世界新記録を樹立しています。

オリンピック水泳を振り返るとき、日本人であれば記憶に残るシーンとして紹介される中に必ず出てくる、実況中継の河西アナウンサーが、ドイツのマルタ・ゲネンゲルと前畑のデッドヒートを「前畑ガンバレ！　前畑ガンバレ！」と、二〇回も絶叫したベルリン・オリンピックの二〇〇メートル平泳ぎで、前畑は二位に一秒差をつけ、見事金メダルをとりました。

ロサンゼルス・オリンピックでメイン会場のセンターポールに日の丸を揚げた西竹一中尉

西竹一中尉は、ロサンゼルス・オリンピックの馬術障害飛越競技で愛馬ウラヌスと金メダルをとりました。

西中尉優勝に、さらに日章旗翻る

上のメインスタジアムに日の丸が翻っている写真は、西中尉が馬術で金メダルをとったときのものです。

西中尉は、海外でもバロン・ニシの愛称で勇名を馳せていましたが、戦車隊の連隊長として硫黄島の激戦で戦死されました。

馬術高障害優勝の西竹一中尉

上・下『アサヒグラフ』（1932〈昭和7〉年8月31日号）

日本は一九三二年当時、スポーツも世界五大国だった

三段跳び決勝の三強豪
右、三等の大島、中央、優勝した南部、左、二等のスヴェンソン（瑞《スウエーデン》）

800メートルリレーに世界新記録を作って優勝した日本チーム（左より）宮崎、遊佐、豊田、横山の4選手
上・下『アサヒグラフ』（1932〈昭和7〉年8月31日号）

二〇二〇年の東京オリンピックは今から楽しみですが、一九三二（昭和七）年のロサンゼルス・オリンピックでは、陸上男子一〇〇メートル決勝で吉岡選手が六位入賞。棒高跳び決勝で西田選手が銀メダル。女子槍投げで眞保選手が四位入賞。男子一〇〇メートル背泳ぎ決勝で、清川選手、入江選手、河津選手が金・銀・銅を独占しました。男子二〇〇メートル平泳ぎ決勝で鶴田選手が金メダル、小池選手が銀メダルをとり、男子一五〇〇メートル自由形決勝で北村選手が金メダル。女子高飛び込み決勝で鎌倉選手が六位入賞。男子水泳一〇〇メートル自由形決勝で宮崎選手が金メダル、河石選手が銀メダルと、活躍していました。

オリンピック村の流行を風靡した日本製絵日傘と菅笠

閉会式の盛観
国際オリンピック委員長ラツール伯閉会の辞を述ぶ
上・下『アサヒグラフ』(1932〈昭和7〉年8月31日号)

ロサンゼルス・オリンピックでは競技場以外でも日本趣味がブームになっていた

オリンピックの会場に、日本趣味の傘が咲き誇り、日系人や、手に手に日の丸を振って応援する大洋丸の乗組員たちの姿に、日本人の自信が満ち溢れていました。

御随意に―　　――？――
場所は銀座、時は9月の午さがり、人物背景はご覧のとおり……、伴奏はひとつラジオでお許しを願うとして、この一場面だけはご想像にまかせますから、ご随意に――

一刻千金の暇　―女車掌―

「××さん、今度あんたの出番よ」

「わかってるわよう」

「早くさぁ、何してんの？」

「………」

上・下『アサヒグラフ』（1932〈昭和7〉年9月21日号）

今も昔も化粧に我を忘れる女性たち

この特集は、〝街頭化粧〟となっており、昔も人目につくところでの化粧はマナー違反だったようです。

個人が特定できる写真を掲載して皮肉るとは、朝日新聞の大胆さに感心します。ただ現在との違いは、前後左右の人目をはばからず電車の中で化粧する女性は、さすがにいなかったことでしょう。

実際、電車の中で化粧している女性は、医学的に病名もある立派な病気なのだそうです。

街頭の勇士　―女給さん―
お見受け申せばいたくお急ぎのご様子……銀座街頭において、この勇気あればこそ、おおかの肉弾三勇士も……わかりました、わかりました

影に痩せる　―若奥さん―
自分の影に身を細らせるのは、あの海蟹ばかりだと思っていたら……

番茶の匂い　―女店員―
久しぶりに天気にはなったし、銀座の散歩はたまらなく快適になったし、ああ番茶の匂いはヤケに香ばしいし、女店員の顔からアセモはとれるし……
本頁『アサヒグラフ』(1932〈昭和7〉年9月21日号)

後れ毛　―女給仕さん―
頬に落ちかかった後れ毛を、思わずかき上げる細い指先、忙しい仕事に汗ばんではいても、この心づかいの美しさ、尊さ――

満洲国承認
調印後、執政府前にて記念撮影
『アサヒグラフ』表紙
『アサヒグラフ』（1932〈昭和7〉年9月28日号）

満洲は満洲族の聖地

中国は、満洲を中国領土との前提で歴史認識問題を日本に提示していますが、清朝が崩壊するまで漢民族が満洲を統治した歴史は、古代まで遡ってもありません。

中国人は、秦の始皇帝が初めて中国を統一国家として統治したことに誇りをもって語っていますが、読者諸賢が中国人に問うていただきたいのは、世界遺産に登録された万里の長城は、その当時の中国の国境だったのではないかということです。そうであるならば、それ以降、いつ中国が満洲を中国領土と確定したのでしょうか。

すると、中国人は、「清国時代から中国になっている」と答えると思われます。ここに決定的な中国の矛盾が露呈するのです。

それは、清朝は満洲を満洲族（女真族）の聖地として漢民族の満洲侵入を禁止する「封禁政策」を実施していたので、清朝時代の中国では、満洲と中国を区別していた厳然たる事実があるということです。

孫文は、一九〇五（明治三十八）年八月、日本で「中国革命同盟会」を結成したとき、留学生の中から一七名の省長と二一名の支部長を指名しましたが、その中に満洲地域を含めなかったという厳然たる事実があります。

一九九〇年代、孫文の伝記に基づく映画に出演した留学生にそのことを問うと、「そのシーンは箱根のホテルで撮影しましたが、おっしゃるとおり満洲の省長はいませんでした」と答えていました。

また、一九〇七（明治四十）年一月、孫文は東京での演説で、中国革命の目的は滅満興漢にあるがゆえに、日本が中国革命を援助してくれるならば革命成功の暁には「満蒙」を日本に割譲しようと述べていたことが『東亜先覚志士記伝 中』（黒竜会）に綴られています。また孫文は、その他の場所でも同じような甘言を弄して、日本人から革命資金を集めていました。

一九一二（明治四十五）年一月、臨時大統領に

就任した孫文の矛盾は、民族自決を「滅満興漢」との標語を唱えて一九一一（明治四十四）年、辛亥革命を実現すると、滅ぼした満洲族やその他の民族、すなわちモンゴル族、ウイグル族、チベット族の自決を無視して、清朝と同じ全版図を中国と宣言したのです。

それが、現在、テロが頻発しているウイグル問題やチベット問題の根本原因なのです。

満洲族が聖地に戻り建国するのであれば、民族自決の観点から日本が承認するのは当然のことだったのです。

調印当日の執政府
9月15日、満洲国執政府では軍楽隊吹奏裡に武藤全権一行を迎え、ここに記念すべき承認議定書調印式の幕はひらかれた
上・下『アサヒグラフ』（1932〈昭和7〉年9月28日号）

両国全権の調印
記念すべき会見の後、謁見室北隣の調印室で、わが武藤全権、鄭国務総理の手によって承認議定書に厳かに調印された

孫文が嘘つきなのではなく、信じた日本人が馬鹿なのです。尖閣も、中国の甘言に乗って円借款をジャブジャブ出し終えたら、手のひらを返して強奪しようとしています。これが中国の為政者の伝統なのです。

兵隊さんと女学生：麻布三連隊記念日

ここでは、麻布三連隊の記念日に女学生が体験入隊している、様々な写真が掲載されています。上の写真には、「防毒衣を着せられ『あらァ、やだわァ』半分べそをかいて、半分テレちゃって、まるで赤ん坊みたいに駄々をこねる」というキャプションがついています。

下の写真は、実弾射撃の体験ですが、女学生から「先生先生」を連発され「先生だけはよしてください」と、大尉が照れている状況のようです。

次頁上の写真は、防毒マスクの装着体験ですが、兵隊がいちいち手をとって親切に説明すると、女学生が「学校の先生より兵隊さんはやさしくていいわね」と楽しんでいる様子が伝わってきます。

「やだわァ」
上・下『アサヒグラフ』(1932〈昭和7〉年10月5日号)

「大尉殿の命令だ」

兵隊さん大もて
上・下『アサヒグラフ』(1932〈昭和7〉年10月5日号)

実際、防毒マスクにギョッとする方もいらっしゃると思いますが、現在でもイスラエルなどでは、日常的に各家庭に常備されています。

一九三二(昭和七)年当時、第一次世界大戦においてヨーロッパで毒ガスが大量使用され、被害が甚大だったことで、各国の軍隊は防毒マスクを常備するようになったのです。

現在でも自衛隊朝霞駐屯地では、見て・触れて・体験できる「りっくんランド」がありますので、様々な体験ができますが、防毒マスクと実弾射撃はないようです。

「鉄砲は右肩に」

昭和の三陸大地震

一九三三（昭和八）年三月三日午前二時三十二分に東北三陸地方海岸を襲った大地震は、「青森・岩手・宮城の三県の海岸線約一〇〇里並びに北海道襟裳岬付近にわたって、地震に次いで津波が襲来して、かの明治二十九年六月十五日の三陸大海嘯《だいかいしょう》当時のような惨状を三十七年後の今日再び繰り返すにいたった……」と解説されています。

※被害調査：三県と北海道の合計
（三月七日現在被害調）

死者：一六七一／行方不明者：一二九二／負傷者：八一七／流出家屋：三〇五四、焼失家屋：二一六／倒壊家屋：一四四六／浸水家屋：三九二七／漁船破壊流出：岩手県ほとんど全部、青森・五二六、宮城・九三七、北海道・一一七

［備考］負傷者および浸水家屋、漁汽船流失等は、なお増加の見込

釜石町須賀海岸に打ちあげられた大型帆船
『アサヒグラフ臨時増刊：三陸震災画報』（1933〈昭和8〉年3月17日発行）

釜石鉱山鉄道附近の焼跡と避難民
『アサヒグラフ臨時増刊：三陸震災画報』（1933〈昭和8〉年3月17日発行）

釜石町郷社尾崎神社附近にあがる火の手
『アサヒグラフ臨時増刊：三陸震災画報』（1933〈昭和8〉年3月17日発行）

只越村目貫きの大通りをふさいだ倒壊家屋
『アサヒグラフ臨時増刊：三陸震災画報』（1933〈昭和8〉年3月17日発行）

三陸大地震の被害状況

この三陸大地震は、マグニチュード八・三、最大震幅四〇ミリで、震源地は東経一四三度、北緯三八度の金華山沖海底だった。陸地で起きれば関東大地震と同じように多大の被害を与えていたとのこと。

次に『三陸震災画報』の解説を要約して掲載します。

〈津波で最も被害が多かったのは、岩手県で、家屋の倒壊流失約三〇〇〇戸、火災での焼失約二〇〇戸、船舶の流失約四七〇〇隻だった。そのなかで釜石町は、地震と同時に三カ所から出火し、津波で海岸の約二〇〇戸は海に消え、

大槌町の惨状

『アサヒグラフ臨時増刊：三陸震災画報』（1933〈昭和8〉年3月17日発行）

約二〇〇〇戸は水浸しになり、悪魔のような炎が数百戸をなめ、三万人の町民は水火の責めに遭って逃げ惑い、地獄図絵を描き出していた。

また前回の三陸大津波のとき一村全滅した田老村は、約五〇〇戸の人家が津波にさらわれ、南北四キロ、同村は一朝にして砂原と化し、五〇〇人の命が奪われた。

宮城県金華山以北から岩手県全海岸、青森の太平洋岸にわたって、家を破壊され水浸しになったのはまだしも、一村の家屋が壊滅流失し、あるいは親を失って泣く子供、夫を奪われてわめく妻、そして家族が津波にさらわれ死体も不明になったもの等、無数の惨状が展開されていた。

いまだ春遠き北海のこの地方では、まず住むに家なき罹災民は寒さと飢えに襲われ、そのうえ、宮城県気仙沼付近、青森県八戸、岩手県種市、宮古、釜石等を除けば、他はまったく交通はきわめて不便であるため、救護隊が活動できず負傷者の倒れる者続出するなど、悲惨を極めている。

漁を唯一の生業としている三陸地方の住民は、津波のため漁船や漁具類を奪われ、幸い助かった人たちも、今後、さしあたっていかにして生活を立てていくかという死活問題になっている。

なお、三陸地方はこのうえ、五日来、吹雪にまで襲われているので、寒さと飢えと戦う罹災者の苦難は筆紙につくしがたいものがある〉と、東日本大震災と同じような酸鼻を極める状態だったのです。

復旧をいそぐ種市村八木駅附近の鉄道
『アサヒグラフ臨時増刊：三陸震災画報』（1933〈昭和8〉年3月17日発行）

震火に包まれた釜石海岸
『アサヒグラフ臨時増刊：三陸震災画報』（1933〈昭和8〉年3月17日発行）

天災は場所と時を選ばないが、中国が日本に及ぼす災厄は場所と時をはかって起こしている

三陸大地震と東日本大震災は、一九三三（昭和八）年↓二〇一一（平成二十三）年と七十八年後に起きていますが、中国が及ぼす災厄は、計算ずくで仕掛けている人災なのです。

本書84、85頁で触れましたが、一九三三（昭和八）年三月三日から四カ月後の同年七月、中国は日清戦争以降に日本が貸し付けた「円借款一〇億円」（現在の三兆円相当）のなかでも、大正年間（一九一五年～一九二四年）に貸し付け、担保もしっかりしていた「円借款三億円」（現在の九〇〇〇億円相当）を明確に踏み倒しにかかったのです。

中国の踏み倒しの兆候が明らかになったのは、一九二三（大正十二）年の関東大震災で、日本が疲弊困窮していた状況を見計らって、負債の遅滞が始まり、三陸大震災を境に、負債の未返却について開き直ってきたのです。

目貫きの場所をほとんど焼きつくした釜石町の猛火
『アサヒグラフ臨時増刊：三陸震災画報』（1933〈昭和8〉年3月17日発行）

そして、二〇一一（平成二十三）年三月に東日本大震災が勃発して、国際的にも日本が弱体化した状況をはかって、二〇一一年四月頃から、連日、尖閣海域で領海侵犯を繰り返し、尖閣を強奪する意思を露わに、強硬手段に出てきているのです。

この流れは、二〇〇五年三月、町村信孝外務大臣が新規円借款の供与の停止を李肇星外相に通告したことに端を発し、同四月、中国官製暴動で、北京の日本大使館や上海の日本領事館が被害に遭っています。

二〇〇九（平成二十一）年九月に民主党親中反日政権が発足し、二〇一〇（平成二十二）年九月に尖閣海域で中国の偽装漁船が海上保安庁の巡視船に激突してきたことも、日本国内の状況を見計らっての謀略なのです。

中国との数カ月間の交渉の結果、同十月四日、日本政府は円借款（無償供与も含む）の完全打ち切りを通告しました。ちなみに、偽装漁船激突事件とフジタ社員スパイ容疑での逮捕は、同交渉中の出来事だったのです。

なお、一九七九（昭和五十四）年に始まった中国への円借款承認額は、三兆三五九七億円：貸付実行額二兆八八一七億円で、元本回収額一兆二七三九億円、未回収残高が一兆六二八〇億円もあるのです（『中国経済データハンドブック二〇一三年版』日中経済協会）。

戦後の子供たちと同じように遊んでいた一九三四年頃の子供たち

この一九三四（昭和九）年四月四日号には、〝函館市大火災〟の写真特集も掲載されていました。その被害は、焼失家屋二万三千余戸、死者約一五〇〇名と報道されています。

頁を捲《めく》ると〝海外へ翻るメイドインジャパンの旗じるし〟の特集もあり、主な輸出品として「硝子製品」とか「歯ブラシ」「洗面器」「貝ボタン」「ゴム靴」「帽子」「メリヤス製品」「製菓」「鉛筆」などが、北米やインド、中国などへ輸出されていました。

戦後、ここの写真と同じような遊びに夢中になっていた筆者と同世代の方々も、懐かしさが込みあげてくると思われます。

昭和十年頃まで積み上げてきた社会環境が、中国とのかかわりが深くなるにつれ、引きずり込まれた戦争の代価である、「失われた二十年」（昭和十年～昭和三十年頃）はあまりにも大きかったのです。

歴史に無頓着な政治家が、一九七二（昭和四十七）年の日中共同声明以降、同じことを繰り返している現状に、虚しさを感じざるを得ません。

剣劇
「エイッ！」白刃（？）一閃
「アッ、やられたッ」
チャン チャン チャカ チャカ
――と伴奏も、どうやら桜音頭じみるのどけさだ。さるにても、一時影を潜めた剣劇ごっこが、再び子供の世界に幕をあけたは、さすが非常時気分の横溢か、小さき丹下左膳は、踊る、踊る

はいはい　どうどう
小さな騎手が下りて、お馬のあと押し。日はうらら若草も萌える、人の子の芽も伸びる
上・下『アサヒグラフ』（1934〈昭和9〉年4月4日号）

履物ご用心
「どうぞ、お二階に」
通されたお客さまの何とつつましやかなこと。奥さまは下で、ご馳走にてんてこ舞い
「この節、なかなか物騒なものですから——」というわけでもあるまいが、履物までお二階上りとは、ちとご入念すぎる

縄跳び
春風を円く切る——若鮎の潑溂さ。幼き生命が、地球を蹴って、飛躍するとき。輝かしい健康に恵まれた彼女の将来が約束される。飛べよ、跳ねよ

アンパン
親泣かせのおじちゃんが、また来ましたよ。子供の食欲は、他動的に挑発される。そうして小さな群衆心理は、彼らの胃袋へ過重の負担を強いる。無制限と不統一との食欲は、子供たちの健康に重大な結果を招来するのはわかっていても、そこは、それ親ごころ。ハイおあし！
本頁『アサヒグラフ』（1934〈昭和9〉年4月4日号）

満洲は五族協和の楽園だった

日露戦争後の一九〇八（明治四十一）年に一五八三万人だった満洲の人口は、一九三二（昭和七）年十月一日（満洲国国務院統計処「現住戸口統計」）には、二九二八万八〇〇〇人まで増えていました。そして、一九四二（昭和十七）年十月一日（同統計）には、四四二四万二〇〇〇人と急激に増えていたのです。

満洲国が建国された後、匪賊《ひぞく》の跳梁跋扈《ちょうりょうばっこ》がなくなり治安が回復され、一九三三（昭和八）年九月、『ロンドン・タイムズ』紙は、「独立後二カ年の満洲国」との記事で、〈満洲国は既成事実だといわねばならぬ。二カ年前における日本の行動の是非は、極東の現状ないし、将来に対して、もはや関連のない事柄だ。満洲はいまや「啓蒙的開発」というのが最も適切な過程を経過している。啓蒙的な一番いい証拠は、三〇〇〇万の民衆がこの過程から恩恵を受けていることだ……〉と、客観的に評価していたのです。それらは本頁と次頁の写真から伝わってくることでしょう。

在満兵士と子供たち
満洲国で活躍する日本の兵隊さんたちの公休日外出は、日本の子供たちにとっても格別待たれる1日らしい。子供たちのよきおじさんぶりは、内地を離れても温かい人類愛となって輝く

子供たちの天地
広い公園は子供たちにとっては自由な天地だ、伸びる満洲国の雰囲気も、子供たちの溌剌な動作で読めそうな気がする
上・下『アサヒグラフ』（1934〈昭和9〉年5月30日号）

女性の流行色
きらびやかな流行色は、公園に花と咲く、満洲上流婦人たちの平和な散歩すがた
上・下『アサヒグラフ』(1934〈昭和9〉年5月30日号)

一家団欒
母を連れ、子供を連れ、女中を連れての公園散策、新興満洲国に初めてみる明朗なる風景だ

麗人はペットと友に！

ペットが今と同じようにかわいがられていたことは、武者小路実篤など、白樺派の小説家の作品に出てきますが、それらは理想や空想ではなく私小説に描かれており、魅力的な女性なども現実に存在していたことは、一連の写真を見ると日常的な姿だったことがわかるでしょう。

『アサヒグラフ』には、ペストなどの病気を介在するネズミを捕まえてくれる猫を様々なかたちで紹介していましたが、徐々に犬もペットとして紹介するようになっていました。

同じ誌面に、東山千栄子さんが、ボルゾイとコリーなど四頭の洋犬と写真に収まっていました。

また、菊池寛の美人秘書の佐藤碧子さんは、愛犬ワイヤー・ヘアードと着物姿で写っていました。

犬になりたや
見事なポインターだ。手入れもいいが、よく馴れている
女人王国のレビューの楽屋へ、天下御免のお出入ができて、しかも、しかも、人気の花形熱海の芳ちゃんの膝に抱かれて、太平楽がならべられるとは、よくよく運のいい奴。これ、ポインターよ、そねむぞ……そねむぞ……
上・下『アサヒグラフ』(1934〈昭和9〉年1月10日号)

ませた子犬
佐藤綾子さんは、ご承知のように東京マネキンの可愛い人。結いたての高島田の首をかしげて、わがことのように犬のお産の自慢話。まだ眼の見えない奴がクンクン鼻をならして「あたい、大きくなったらお嫁に行くの……」。綾子さん、ポイと子犬を放り出して「あんた、マセてるわねえ」とけるような苦笑い

現代人と見間違う一九三四年の女性たちの表情

この頃になると洋服が定着して、女性たちの体型に合った着こなしで、街を颯爽と闊歩していました。

写真でわかるとおり、女性たちの表情が、現在、銀座を行き交う人たちとほとんど変わらないことに驚くことでしょう。

江戸時代には江戸時代の表情があり、大正時代にも大正時代の表情がありました。ところがこの号の特集写真を見ていて驚いたのは、当時の女性たちの表情が、平成時代の女性たちの表情より生き生きしていることです。

この明るく輝いていた時代を奪ったのは、日本の人種差別撤廃の主張を根にもっていた欧米の政策と、その本質を見抜き政治に活かせなかったわが国の為政者たちの不作為だったのです。

「君、『にんじん』見た？」

「あんなの嫌いさ」

「でも、いいじゃないか、あんなシットリしたの、ちょっとないぜ」

「ベビー、ないくせに、人並みなこというんじゃない」

「いいじゃないか。持ったつもりで見てりゃ」

「そんなのないわ」

……とでもいったようなにんじん色の表情である

気どっていえば若鮎が蓼《たで》酢にむせた感じ……
恋愛にむせた表情はもっとあま味がある
上・下『アサヒグラフ』(1934〈昭和9〉年5月23日号)

レコード・コンサート喫茶店
本頁『アサヒグラフ』（1935〈昭和10〉年6月12日号）

純喫茶店

銀座にある伝説的なビヤホールがオープンした頃

ここの写真にある喫茶店と同時期（一九三四年）にできた伝説的なビヤホールの「銀座ライオン」は、当時の内装そのままで現在も営業されています。歴史は小説から知ることもできますが、小説に描かれているビヤホール・喫茶店などで、それらの時代を肌で感じることもできます。

筆者が十代の頃に愛読した立原道雄の詩集口絵に載っていた立原の写真は、「銀座ライオン」の入り口を入った左側の壁際で写したものでした。

上京した頃、画廊巡りの後に、よく立原道雄の座っていた椅子でビールを飲んでいました。

渋谷の百軒店を入ったところにある「名曲喫茶ライオン」は、大正元年創業当時のままで、現在も営業されています。その他、閉店になった新宿の「風月堂」や「青蛾」など、小説に描かれていた喫茶店などで、昭和初期の空気感を楽しんでいました。

大経営喫茶店

東郷元帥の国葬

正装の東郷元帥
『アサヒグラフ』（1934〈昭和9〉年6月13日号）

東郷元帥の死と一つの時代の終わり

日比谷公園旧音楽堂から拝した斎場
『アサヒグラフ』表紙
『アサヒグラフ』（1934〈昭和9〉年6月13日号）

一九〇五（明治三十八）年五月二十七日、連合艦隊旗艦〝三笠〟のマストにZ旗を掲げ、東郷元帥は、「天気晴朗なれど浪高し、皇国の興廃この一戦にあり、各員一層奮励努力せよ」と檄を飛ばし、ロシアのバルチック艦隊を殲滅《せんめつ》してから、まさに二十九年後の一九三四（昭和九）年五月三十日午前七時に永眠しました。

この東郷元帥の死は、明治維新から近代国家へ国家国民が一丸となって邁進《まいしん》してきた、一つの時代の終わりを告げることになりました。

この頃から海軍と陸軍の一体感が弱体化し、軍隊内部の軋轢《あつれき》も「5・15事件」以降表面化していました。それは、政界を巻き込んで、国家意思の一体感もなくなり、中国に翻弄されるようになっていきました。

日露戦争当時と一番違っていたことは、軍事力と情報戦の一体感がなくなっていたことです。それは、東郷元帥や乃木大将などの指導者層が士族出身で、忍者の情報収集能力を無意識に高く評価していたのですが、この頃、士官学校出身の幹部は、農家出身者が多くなり、情報の価値を認める本質的な体験のない者が増えたことが致命的だったのです。

〈英帝戴冠式〉明治44年、英国皇帝陛下戴冠式に、両陛下御名代として、東伏見宮依仁親王、同妃殿下がご参列のため差遣せられた折、東郷大将は、乃木大将とともに随行おおせつけられ、4月12日両殿下に属従してジョージ五世陛下の戴冠式に参列した。写真：前列中央、御名代東伏見宮依仁親王、同妃両殿下、妃殿下の右・乃木大将、殿下の左・宮岡慶子（東伏見宮御用掛）、東郷大将
本頁『アサヒグラフ』（1934〈昭和9〉年6月13日号）

明治八年英国留学時代の背広姿（29歳）

明治十一年三月ロンドンで新造の比叡艦で英国から帰国するとき

〈加茂丸船上で〉英帝戴冠式参列のためロンドンに向かう途中、加茂丸船上での乃木大将と東郷大将

日露海戦連合艦隊旗艦「軍艦三笠」

三笠艦の進水式
明治33年11月8日、英国ヴィッカース・エンドソンスマキシム会社において進水式が挙行された。全長431フィート、最大幅76フィート、排水量14,733トン、速力18浬
本頁『アサヒグラフ』(1934〈昭和9〉年6月13日号)

出動前の三笠艦
(明治37年2月)

〈帝都凱旋〉明治38年10月22日、20カ月にわたる大海戦の輝かしい勝利を土産に、新橋駅に到着した東郷司令官以下一行を迎える歴史的なシーン

東郷元帥は、世界の軍人やロシアに抑圧されていた国々から敬愛されていた

バルチック艦隊を日本海海戦で殲滅した東郷元帥は、一八〇五年、フランス・スペイン連合艦隊をトラファルガー沖海戦で殲滅し、ナポレオンのイギリス上陸を阻止したネルソン提督と、世界の二大海戦を指揮した司令官として世界の海軍史に刻まれています。

日本では、日本海海戦の勝利の日が「海軍記念日」（五月二十七日）だったのですが、GHQ占領下に廃止されました。

ロシアに抑圧されていたフィンランドでは、東郷元帥の戦勝を記念して「Heihachiro Togo AMIRAALI」（東郷平八郎提督）の軍服姿のラベルを貼ったビールが、愛飲されています（一九九二年からはオランダの会社が製造している）。

今でも東郷元帥がフィンランドで敬愛されていることは、国際的に著名な映画監督として知られているアキ・カウリスマキ監督が、自身の作品『レニングラード・カウボ

警視庁横を通過する霊柩車
上・下『アサヒグラフ』（1934〈昭和9〉年6月13日号）

葬列、参謀本部前を通過

イギリス海軍儀仗兵
上・下『アサヒグラフ』(1934〈昭和9〉年6月13日号)

アメリカ海軍儀仗兵

ーイズ、モーゼに会う』(一九九四年作)のワンシーンで、バーに入ってきた男がカウンター越しに一言「トウゴウ」とバーテンダーに声をかけると、無造作に「東郷平八郎提督ビール」が出てきたのです。それもビールのラベルが、画面に見えるように映し出されていました。実際、東郷ビールを知っていましたが、映画を観たときは驚きました。

また、同じようにロシアの脅威にさらされていたトルコには、イスタンブールに「東郷通り」があります。

日露戦争が勃発したとき、イスタンブールの人々は、今問題になっているクリミア半島を母港にしていた黒海艦隊が、いつイスタンブールのボスポラス海峡を通過するのか、二十四時間体制で監視してくれていたとのことです(『中近東の旅から』山口康助著)。

二〇二四年のオリンピックは、トルコのイスタンブールで開催できるように応援したいですね。

中国軍人も日露戦争の連合艦隊司令官、東郷元帥の国葬に参列していた

現在、中国は、日清・日露戦争から、日本は中国を「侵略」したなどと批判していますが、東郷元帥の国葬に参列していました。この事実を習近平主席は知らないのでしょう。

ちなみに、中華人民共和国建国の母である周恩来は、日本留学中の一九一八（大正七）年五月一日、靖国神社の例大祭を拝観して大感激した、と日記に綴っていました。

フランス海軍儀仗兵

イタリア海軍儀仗兵

帝国ホテル前
いずれも16ミリや小型カメラを持って、この日本の国を挙げての盛儀を記念しようと、並んでいる各国人

米仏軍艦の弔砲
横浜に碇泊中のフランスのプリモーゲ号（右）と、アメリカのオーガスタ号

中華民国海軍儀仗兵
本頁『アサヒグラフ』（1934〈昭和9〉年6月13日号）

一九三三年の自動車の保有台数は六万六七三三台だった

ほとんどの方は、戦前、自動車というと軍隊以外、政界や財界人その他タクシー会社くらいしか所有していなかったと思われているでしょうが、実際には、かなり一般化していたようです。当時の車のナンバープレートは、写真「16,268」のように通しナンバーになっていました。他の写真の車のナンバーも「18,090」「9,900」とあり、自家用車として使用されていたことがわかります（自動車の保有台数統計は150頁参照）。

お嬢さんを守る三勇犬！

気をもむシェパード
上・下『アサヒグラフ』（1933〈昭和8〉年8月23日号）

国産の自動車が走る——と聞いてよろこんだのは、そんなに古いことではないのに、いつの間にかその国産の自動車の注文が、外国から500台、600台とまとまって来るようになり、またそれだけの大量注文を、よし来たとばかり、アッサリと作り上げてしまうような設備ができたのだから、日本工業の発展はこの先、どれ程のびるか見当がつかない。いくら小型自動車でもザッと100台余もこうして出荷を待っているところは、躍進日本の輝かしい表情の一つと言ってもよかろう

上・下『アサヒグラフ』(1934〈昭和9〉年12月12日号)

昔なら1本切るのに1カ月もかかりそうな太い鉄棒が、火花を散らして眼ばたく間に切られてしまう。折ったり、曲げたり、鋼鉄も、ここでは、なんのことはない飴か餅扱いだ

国産小型自動車が一九三四年に大量生産されていた

戦前に小型自動車が大量生産できるようになっていたことは、にわかには信じられないでしょうが、『アサヒグラフ』は「四年前の一カ年の外国車の輸入高は三万五〇〇〇台だが、これに対して日本産は、石川島、東京ガス電気工業、日産自動車(ダット自動車)の三社を合わせてせいぜい四五〇台という涙

竪型自動旋盤機といって、普通の同種の機械から見ると7倍以上の能力を持っているもので、この機械を使っているということを、フォードやゼネラル・モーター社あたりまでが大童べで自慢しているくらいだから、とにかく、この機械は素人にも素晴らしいものであることはわかる。1回転する間に、望みどおりの部分品がテキパキと仕上がってくるところは、見ているだけでも気持がいいし、第一、おもしろくもある。1台数万円だそうだから、7倍以上の仕事をしても、まあバチは当たるまい

のこぼれそうな数字だった。それが、この一、二年の間に国際市場に乗り出すばかりか、部分品の製造ではフォードやシボレーの向こうをはって、せり合いを演じるまでの大躍進ぶり……日本の自動車工業もこれでどうやら波にのった形だ……日産自動車に豪州から四〇〇台の小型自動車の大量注文が舞い込んだのはこの春のこと、これに続いてドイツに五〇〇台、オランダへ六〇〇台という具合に、このところ国産自動車の売れ行きはまさに鰻のぼり……しかも、優秀な英国製のオースチン、モーリス等の小型車に比べて、堂々と肩ならべのできるような車を、エンジンから車台まで、全部日本人の頭で割出した設計図を、日本人の手によってドシドシ作り出せるようになったのだから、これだけでもすでに大手柄だ。しかも、年間五〇〇〇台以上にも及ぶこんな大工場が出現したことは、国防上からいっても非常に心強いことだといわなければならない」と、昭和九年に自動車の大量生産が軌道に乗ったことを伝えていました。ただ、これらはGHQ占領下に破壊されました。

この工場も、近くコンベア式に改めるため、目下、盛んに工事中だから、それが完成したら、1本のベルトの上で、各部品がドシドシ組み立てられ、一人前の車になって出て来るようになる訳だ。そうなれば、写真のような昔風な車体製作風景も見られなくなるというものだ
上・下『アサヒグラフ』(1934〈昭和9〉年12月12日号)

マスメディアの歴史の改竄《かいざん》を糺《ただ》す、街を行き交う女性たち

現在、テレビや映画が描き出す昭和十年前後の日本人は、やたらに表情が暗く、不安げに描かれています。それは、ＧＨＱ占領下で、米国など連合国側の都合上、一方的に「このたびの戦争は、軍事独裁国家日本が仕掛けたもので、国民は抑圧され、自由はなかった」などと歴史が改竄されたうえ、徹底的に言論が検閲され、個人の手紙まで開封され、チェックされていた影響です。それらＧＨＱの手先になった検閲官は、英語で報告できる者が採用され、全国に数万人が働いていました。手紙を担当した検閲官だけで、関東地域に約四〇〇〇名もいました。

　ＧＨＱの手先になった次代を担うエリートたちは、戦後、政財界やマスコミなど様々なジャンルで指導的な立場になっていたようですが、ＧＨＱの手先になった負い目から、自ら歴史を封印して沈黙したのです。

初夏の女
上・下『アサヒグラフ』（1935〈昭和10〉年6月19日号）

初夏の女

浜へ出てみれば顔負けする明朗性
左・右『アサヒグラフ』（1935〈昭和10〉年8月7日号）

解放感溢《あふ》れる夏の海辺は、その時々の社会が見える鏡

解放感溢れる海辺は、昭和初期も今もまったく同じです。

左の写真は、なんとも不思議なものをまとっていますが、『アサヒグラフ』一九二八（昭和三）年八月二十二日号の〝夏老ゆれど　海とこしえに若し〟特集に、上と同じようなものをまとった若者の写真がありました。

その解説に「モ・ボの原始ダンス…一度太陽の下、水着一枚になると、そこに緑草を追うた放牧の民の心がよみがえる……石井漠もどきの原始ダンス、なんじ太陽に還れよと、飛ぶわ跳ねるわ、潮風は、胸に爽快な行進曲を奏して流れる、モ・ボの大悟をここに見る」と、男子を解説して、「モ・ボの原始ダンス」とあり、左の写真は女性ですので、「モ・ガの原始ダンス」といったところでしょうか。昭和初期には、体に藻を巻きつけるのが流行《はや》っていたようです。

次頁の上二枚の写真は、去年湘南で写したといっても「そうなんだぁー」と受け入れられるほど、今と変わりません。

左側の子供連れの母親が、赤ちゃんを抱いて乳母

浜へ出てみれば顔負けする明朗性

『アサヒグラフ』表紙　日比谷公園プール
本頁『アサヒグラフ』（1935〈昭和10〉年8月7日号）

車の中をのぞき込んでいる微笑ましい写真の、形はビーチサンダルのように見えるものが実は草履で、それくらいしか今と違いがありません。

左下の写真は、プールではしゃいでいる子供たちです。今はない「日比谷公園プール」と、キャプシヨンが付いてますが、ひょっとしたら、今もある大噴水の池のように見えます。

それぞれの時代を見る鏡として、本書の裏表紙も含め、解放感溢れる女性たちの水着姿の写真を、大正時代から時系列に並べてきました。

その目的は、これまで繰り返し述べてきましたが、海辺や街頭写真は、マスコミの偏向報道や反日教員の「戦前暗黒史観」に対して動かぬ証拠を提示し、一撃で封じ込めるために掲載しました。

水泳王国日本のライバルは米国だった

ロサンゼルス・オリンピック日本水泳陣の活躍は、99頁、101頁で紹介しましたが、その背景として「大人一〇銭、小児五銭の入場料は、都のまん中で、誰に遠慮もなくシブキをあげられるにしては安いものだ。……昨年の夏に、東京市営のプールに飛び込んだ人数が楽に五〇万を越えているというから大したものだ。市営プールといえば、芝、隅田、濱町、大塚、錦糸、日比谷、井の頭、月島、上野の九カ所だが、このうち、芝と隅田とはいずれも五〇メートルプールを持つだけに、入場者は各々一〇万を越している。東京市には神宮プールをはじめとして、学校所有のプールまで開放され、そのうえ私営プールまで加えると、おそらく一夏のプール入場者は一〇〇万人を下らぬと言えるだろう。……水泳日本の呼び声が、決して掛値じゃございませんという生きた証拠であろう」と、水泳王国日本の底力の源泉が語られています。それに続けて、次頁の〝全米水泳チーム〟に触れ、「今回アメリカ河童の精鋭を引き連れて三度び来征したキッファス監督も、この壮観を眺めたら、きっと三嘆するに違いない。ジャパニーズクロールの後継者がそのうち、浜名湖や土佐の海から現われないで、市内の二五メートルプールから出現することにもなろう」と予言していました。しかし悲しいかな、一九四五（昭和二十）年に繰り返された東京大空襲（空爆）で、隅田、月島、錦糸などのプールはことごとく破壊され、戦後は必要性のある施設の再建に手いっぱいだったことで、このときの予言は、やっと最近実現できる状況になりましたが、実に七十年以上も待たねばなりませんでした。

芝と隅田の市営プール
『アサヒグラフ』（1935〈昭和10〉年7月31日号）

超特急遊佐君が第2日の100メートル準決勝でわが国初めての57秒台の新記録57秒8を出してゴールに殺到した瞬間

200メートル自由形決勝、25メートルあたりの乱戦

『アサヒグラフ』表紙
本頁『アサヒグラフ』(1935〈昭和10〉年8月14日号)

〈全米軍のメンバー〉今度こそはと必勝を期してやって来たキッファス監督の眼前で続々と記録の更新、世界記録が短水路の分まで破られていく始末に、名監督も「この分じゃ楽じゃない」といった面持ちに……

「ア・ラ・モード」ファッション・ブックにあるような見事な着こなし、良き洋装の代表的なものとして1枚、ここにお借りしたわけです
右下・左上『アサヒグラフ』（1935〈昭和10〉年9月25日号）

羽二重地に茶、煉瓦色、橙色で模様をおいてあるワン・ピース、釦と帯革は橙色
『アサヒグラフ』（１９３５〈昭和10〉年9月18日号）

金魚型
秋風に襟がなびけば、ジョーゼットの尾ひれも動く、お池の中の金魚のように

欧米に肩を並べて輝きだしていた女性ファッション

『アサヒグラフ』が、大正時代から毎週、欧米の女性ファッションを紹介してきた成果は、昭和十年頃に咲き誇っていました。この頃、街を行き交う女性たちの中には、欧米のファッションに引けを取らない人も出現していました。

笑えるのは、右下の写真キャプションですが、女性たちの勢いについていけないオヤジ記者の皮肉に悲哀が漂っています。いかに昭和十年頃の女性たちが輝いていたかが、伝わってきます。

海の宮殿、ノルマンディー号

洋上で出会った船シャムブレーン号の船橋から快走中のノルマンディ号を望む

犬小屋：第三煙突の中にこんな立派な犬小屋がある
本頁『アサヒグラフ』（1935〈昭和10〉年9月25日号）

プール：美しいモザイック・タイルと間接照明に水面が夢のように輝いている

一等大食堂：定員700名というこの大食堂は、とても従来の船の概念では想像できかねる

『ひと目でわかる「戦前日本」の真実　1936―1945』の15頁に掲載した英国のクイーン・メリー号は、このフランスのノルマンディー号に対抗して建造されたものです。両船は、スピード以外の内装や設備では、ノルマンディー号が上回っていることは、写真を見るとわかります。やはり芸術性を争えば、フランスに軍配が上がります。

ノルマンディー号の建造には、一億七〇〇〇万円（現在の二〇〇〇億円相当）もの巨費を投じていました。

当時、わが国にも日本郵船が運航していた貨客船、龍田丸や浅間丸（太平洋の女王と呼ばれていた）がありましたが、両船とも兵員輸送船として徴用され、大東亜戦争中に、米国の潜水艦の魚雷によって撃沈されました。また両船以外の貨客船も徴用され、ことごとく米国の潜水艦に攻撃され、太平洋の藻屑にされました。

この頃（昭和十年）のまま日本が繁栄していたら、このノルマンディー号のような客船を日本が運航できる日も近かったことでしょう。

世界の先端を走っていた癌《がん》の研究

湯川秀樹博士が「中間子」の存在を理論的に予言した一九三五（昭和十）年、癌の研究においても日本は世界の先端を走っていました。

これら写真の解説に、財団法人癌研究会が明治四十一年以来、研究を積み重ねてきた成果について「癌に関する貴重な研究発表は、数度ならず世界の学会をアッといわせたものだ。なかでも故山極博士と市川博士とによって、動物に人工的に癌をつくることに成功したことは、優にノーベル賞に推されてよい偉大な発見といわれている」と、博士たちの努力を評価しつつも、昭和四年の一万円の御下賜金や三井報恩会からの一〇〇万円の寄付金があっても十分な研究費が足りない現状を明らかにしています。これは、「二番じゃだめなんですか」と発言する近年の国会議員と同様に、科学に対する無理解が当時もあったようです。

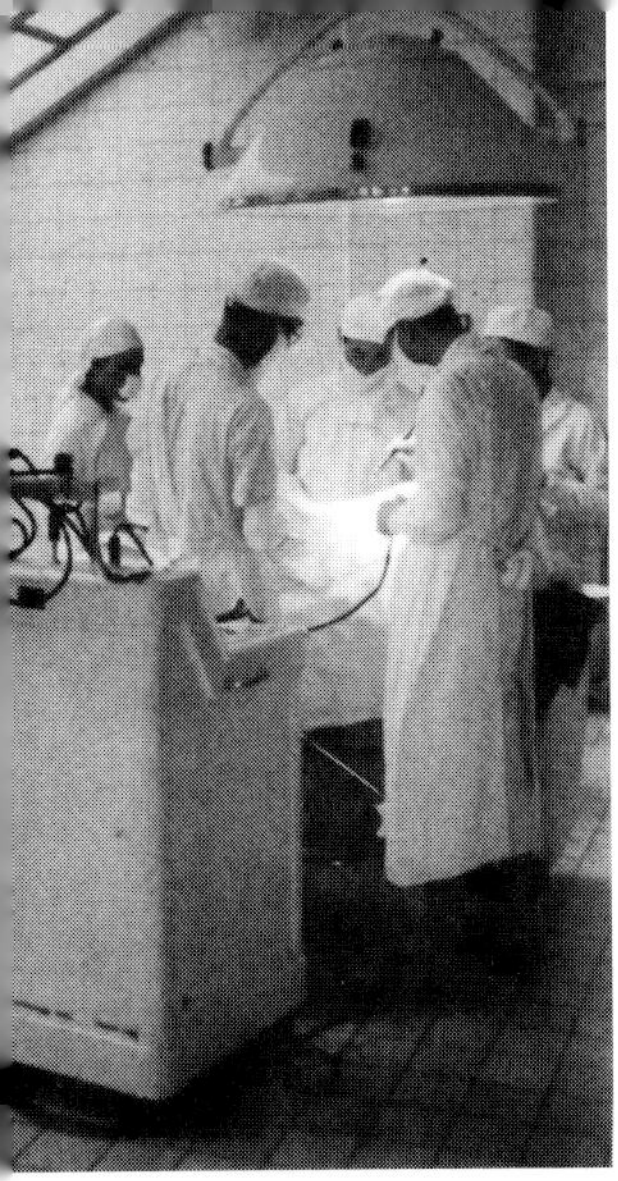

癌の種類によっては、ひと思いに手術したほうが癒りが早い。手術といえば、ただもう痛い怖いで、怯気をふるう方には、この写真だけはぜひお眼にかけたい。これは電気メスといって、針金みたいなもので切除するのだが、電気の力で血も出ないし、痛くもないという嘘みたいなやりかたもあることです。写真の手前に見える箱のようなものが電気の調節器で、メスというのは万年筆のようなものの先に、1寸5分くらいの針金があり、これで自由自在に手術ができるようです

本頁『アサヒグラフ』（1935〈昭和10〉年10月2日号）

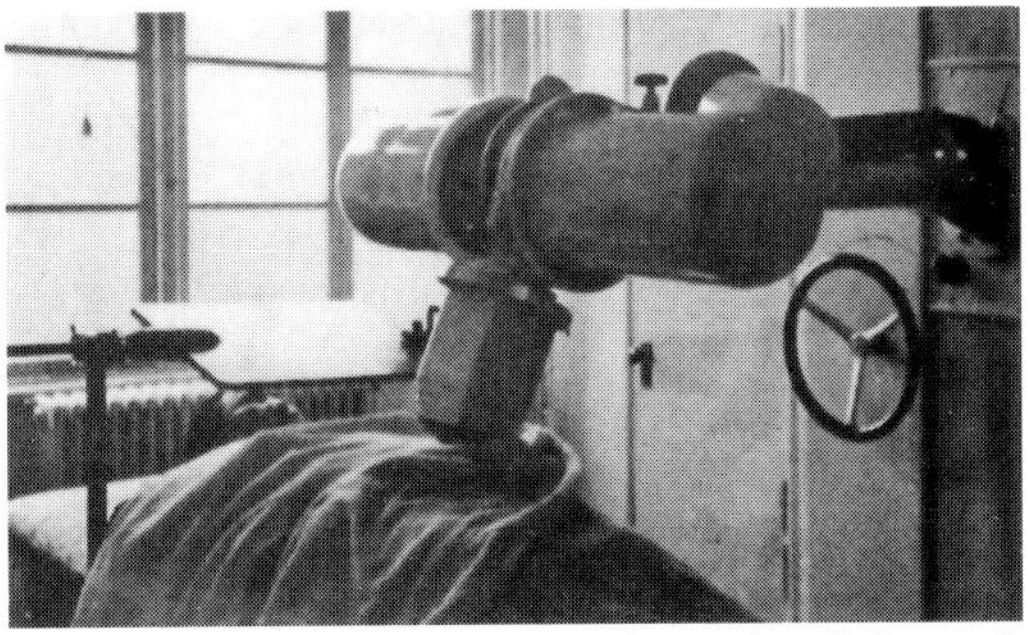

レントゲン放射線も、ラジウムに次いで癌の治療には盛んに使用されておりますが、そればかりではなく、癌の発生個所、大きさ、形状等の発見にはなくてはならぬ重要な役割を持っているもので、研究所には32万ヴォルトのレントゲン放射装置が3台備えつけてあります。写真は腹部にレントゲンを放射しているところで、顔上の板は顔面を保護するためのものです

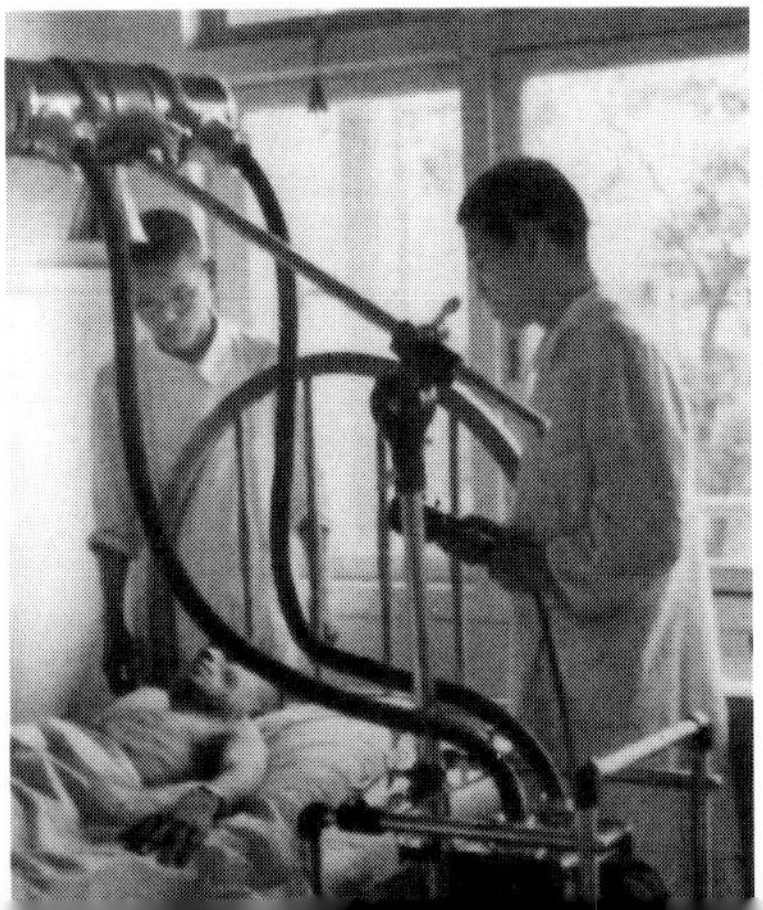

ポータブル・レントゲン

一九三五年前後にモダン舞踊とレビューは、全盛期を迎えていた

昭和初頭の『アサヒグラフ』には、欧米の舞踊が紹介されていても、国内のモダン舞踊とレビューは、ほとんど紹介されることはありませんでした。それが紹介されるようになったのは、昭和十年前後からです。

左下のダンサーは、『ひと目でわかる「日韓併合」時代の真実』の140頁に写真を掲載した崔承喜です。

戦前、崔承喜は海外でも巡演して人気を博していたダンサーです。

当時、国内でのモダン舞踊は、石井漠門下生が活躍していて、石井みどりが注目されていました。

左上のレビューは大阪松竹歌劇団ですが、日本のレビューの草分け、宝塚歌劇団は、『アサヒグラフ』一九三四（昭和九）年一月二十四日号に初春公演「ラッキー・エール」が紹介されています。そこには、「双生児の姉妹がロキシィ劇場のスターとなって、姉妹にそれぞれ恋人ができたが、よく似た双生児であるため間違いだらけの喜劇が生まれる」というキャプションがついています。

大阪松竹少女歌劇
「ぱれ・ど・らむうる」
1年ぶりの公演に、いまさら「ラブ・パレイド」の焼直し物は心細いし、いつまでも大阪劇場の映画のツマであるのも困るが、今後の活躍を期待することにする
写真：第8景　愛の花園
左上・左下『アサヒグラフ』(1935〈昭和10〉年11月13日号)

崔承喜の「リリック・ポエム」
崔承喜の踊りはじっとしているとき、あるいは振りに無理がなく自然に踊っているときに味や面白味が出るようになった。踊りが内的になって来たのだ。1年の間の進歩としては素晴らしいといわなければならない

「焦躁」
石井小浪の踊りを見ていると、いつもしみじみとした気持にさせられる。黙々と考えて黙々と自分一人で踊っているような小浪。しかもその踊りには烈しい情熱が籠められ、テクニックが独創的で自由奔放であるのにいつも感心する。この「焦躁」もそのひとつであるといえる。あまり問題にならなかったようだが、同時上演の「火焔」は常套のようで常套を抜くものがある
『アサヒグラフ』(1935〈昭和10〉年10月16日号)

ニューヨークと煙幕
11月6日、ニューヨーク市上空に現れた2台の追撃機がマンハッタンの摩天楼の上へ煙幕を引いていった。その瞬間をガヴァナース島から撮影したもの
『アサヒグラフ』(1935〈昭和10〉年12月11日号)

巨船完成近づく
クライドバンクでその完成を急いでいる例の英キューナード会社の巨船クイーン・メアリー号はようやく第二煙突まで完成して、最後の1本にとりかかった。これが完成すると、行き悩んだ同船も、初めてその美しい外貌を整えたことになる
『アサヒグラフ』(1935〈昭和10〉年11月6日号)

工事進む金門橋
サンフランシスコと対岸のオークランドを結ぶ世界最長のゴールデン・ゲート橋の工事は目下進行中であるが、写真は最近撮影された北岸の橋塔、その下を通航するのはわが太洋丸で、この巨船に比して橋の大きさも想像されよう
『アサヒグラフ』(1935〈昭和10〉年11月27日号)

くり返しになりますが、戦前の国民は、海外情報を知らないまま盲目的に戦争に突入したのではなく、米英の国力がどれほど巨大だったか、知ったうえで立ち上がっていたのです。

どうすれば米英との戦争を回避できたか。どう立ち回れば途中で休戦できたか。それらの研究は、戦後手つかずのままになっています。アジアの災厄国の中国は、戦前とまったく同じ手法で、中国国内の混乱状態の中に日本を巻き込もうと必死になっています。それを回避するためには、歴史から学ぶこと以外に有効な手段はありません。

朝鮮総督府庁舎解体理由の嘘

朝鮮総督府庁舎は「日帝残滓《ざんし》」として、一九九五年、金泳三大統領が解体を決定しましたが、それは韓国人の言い訳で、実際は、一九三六年に竣工した日本の国会議事堂より、十年前に竣工していた朝鮮総督府庁舎のほうが立派だったからです。

韓国が海外に向けて「日本は韓国を徹底的に搾取し尽くした」と宣伝するとき、現在の日本の国会議事堂より立派な朝鮮総督府庁舎が韓国にあると、「日帝善政」の象徴にもなり、非常に都合が悪かったからなのです。

実際、解体が終了した頃から、海外での慰安婦問題などの謀略情報戦が本格的にスタートしたことと符合しているのです。

新議院西正面

衆議院玄関口
上・中『アサヒグラフ』(1935〈昭和10〉年11月6日号)

朝鮮総督府庁舎、1926(大正15)年竣工
『朝鮮事情:昭和17年版』(朝鮮総督府、1941〈昭和16〉年発行)

文化娯楽のレベルは現在より高かった昭和初期

『アサヒグラフ』一九二六（大正十五、十二月二十五日より昭和元）年一月六日号の海外映画紹介の誌面には、仏アルバトス映画『花火する恋』、P・D・C社『女賊赤頭巾』、FBO社『虚栄の価値』、パラマウント『霹靂の巨弾の下』、ユナイト『曲馬団のサリー』、ファスト・ナショナル社『電光男児』、以上の映画が、写真入りで紹介されていました。また、国内外の名画も毎週紹介していました。

この頁と次頁は、『アサヒグラフ』が、大正時代から大東亜戦争開戦前の一九四一（昭和十六）年六月頃までの映画・演劇・舞踊・レビューを紹介していた誌面のイメージに近いです。

現在のように、芸のない芸人が幅を利かせているテレビがなかった分、確実に、今より日本人の文化レベルは高かったと思います。

日活東京の――『緑の地平線』
『朝日新聞』の当選小説。横山美智子氏の長編小説の映画がいよいよ開始されました。阿部豊君の監督、多摩川組の総出動――よかれあしかれこのトーキーは「受ける」こと保証付きとあって、日活もケンコン一擲的な態度で臨んでいます。写真はヒロイン水久保澄子と原節子（左）
『アサヒグラフ』（1935〈昭和10〉年8月7日号）

『喘ぐ白鳥』（新興東京）
加藤武雄氏の小説の田中重雄君による映画化。高田稔、伏見信子（左）高津慶子（右）の主演

『虞美人草』（第一映画）
夏目漱石氏の原作。溝口健二君の監督。蒲田からの三宅邦子（写真）が珍しくもこんな扮装で主演する。もちろんオール・トーキーである
左中・左下・右下『アサヒグラフ』（1935〈昭和10〉年11月6日号）

『雛妓と坊ちゃん』（日活東京）
右から花柳小菊、瀧口新太郎、美川かつみ。甘ったるい現代劇

『ダイヤモンド』(ユニヴァーサル)
――Diamond Jim――身を一介の雑役夫から起こして、後年、異色ある千万長者となった「ダイヤモンド」ジムことジェームズ・ブキャナン・ブラディの一代記。金が自由になり、ダイヤモンドに飽食しながら、しかも一生を通じて「愛」に恵まれず、「裏切り」のみを知らされた彼の哀愁を綴る後半に言いようのない滋味がある
『アサヒグラフ』(1935〈昭和10〉年11月6日号)

『若き日』(仏エポク映画)
ジョルジュ・ラコムの監督作品。写真のホーレット・デュキオをはじめリゼット・ランヴァン、ロベール・アルノオ、ジャン・セルヴェ等の現フランス映画界での「青春」が動員されて華々しく主演する。「若き日」の感傷と「青春」の歓喜とを謳歌したものだ――Juenesse
『アサヒグラフ』(1935〈昭和10〉年11月13日号)

古巣なつかし
フォックスで育ったサリー・アイラースが、古巣なつかしきユニヴァーサルへ帰り、心機一転、朗らかに『別名メエリ・ドウ』の撮影を終えたところ、やっぱり昔の住居はいいわ、てな面持ちである

コロンビアの『永久に愛せよ』
『恋の一夜』でジャンと当たった直後、再びヒロイン、グレース・ムア(写真)は監督ヴィクター・シェルチンガーと組んでこのミュージカル・ロマンスをつくりあげました。今度の相手役はレオ・カリロ、ロバート・アレンその他。音楽好きのファンの「お目当て」です――Love Me Forever(未輸入)
『アサヒグラフ』(1935〈昭和10〉年8月7日号)

『春の宵』(メトロ映画)
『夕暮れの唄』でわれらに親しい歌姫エヴリン・レイ(右)が米国に渡ってラモン・ノヴァロ(左)と共演する。もちろん甘かなしい音楽ロマンスである――The Night is Young
左・下『アサヒグラフ』(1935〈昭和10〉年12月4日号)

『恋は終りぬ』（墺サシヤ映画）（Letzte Liebe）日本の生んだ名ソプラノ歌手、田中路子（左）が『未完成』のハンス・ヤーライ（右）と主演する。ウィーンの音楽生活と悲しき恋愛を描いて遺憾ない（東和商事輸入）
『アサヒグラフ』（1935〈昭和10〉年12月11日号）

昭和初期十年間で国際化していた日本国内

ここに掲載した写真は、昭和十年から十年前の日本では考えられない日本人の姿が写されています。

上の写真の女性、田中路子は、一九〇九（明治四十二）年に、日本画家の田中頼璋の一人娘として神田で生まれ、東京音楽学校声楽科で学び、途中からウィーン国立音楽大学声楽科で学んだオペラ歌手です。亡くなる一九八八（昭和六十三）年までの大半を、オペラ歌手・女優として、ドイツを中心にヨーロッパで活躍していて、小澤征爾をカラヤンに紹介したり、日本人音楽家の支援をしていたことでも知られています。

交錯する虹
胸の底をかきむしるようなジャズの金属音に陶酔した人々を、嘲笑するように蠱惑《こわく》するように、テープは交錯する。外は風が枝をゆすぶって風華が飛ぶ夜である
『アサヒグラフ』（1935〈昭和10〉年12月18日号）

下の写真は、一般人のクリスマスパーティーの一場面ですが、クリスマスを一般化したのは、朝日新聞が繰り返し『アサヒグラフ』で特集写真記事を掲載した「成果」のようです。この記事ですごいのは、「薄くて強靭な和紙を原料とした」細いテープが、欧州まで輸出され、外国製品をKOして王座を占めていたことです。日本人は、つくづく「匠」の民族だと思いました。

年の瀬の大阪は、昔も今も活気が溢《あふ》れていた

ここの写真以外に掲載されていたものに、〈せり市‥「さあどうだ。四貫～」……ここで、しばし休息。安物がでたらついでに買っていこうという御連中が多いが、この素人が店を繁盛させている〉という一文があります。昔から大阪人は買い物上手のようです。

〈年の市‥大阪は心斎橋、戒橋筋。毎年のことではあるけれど、年の市の飾り行灯は年の暮を正確に認識させて、行く人の越年工作にほろ苦い示唆を与えてくれる〉と、キャプションがついていても、写真が暗くてよくわかりませんが、大阪の方にとってはどのような雰囲気か、見なくてもわかると思います。

宣伝第一
店頭にはマネキンボーイを使って広告マッチを囮に、ここを先途と自分の店へ呼び寄せている。頭の良い店では電気蓄音器を据え付けて小僧に吹き込ませたレコードを終日かけて耳からの効果を挙げている
上・下『アサヒグラフ』（1935〈昭和10〉年12月25日号）

年の暮れの大阪の表情

抄紙機
精製されたビスコスが人絹になるかセロファンになるかの分岐点を硫酸●でフィルム様に凝固されて水槽の15、16も通らされる間に漸次脱硫し、その間、着色されるものは任意に染められて、最後にこのスチームドラムで乾燥されて、すなわちセロファンとしてできあがるのである。セロファン製造工程の中で工場らしい、景気よく運転する機械というのはおそらくここばかりで、あとはいずれもタンクだのドラムだのが、無愛想なパントマイムを続けているだけである
本頁『アサヒグラフ』(1935〈昭和10〉年12月25日号)

破砕機
原料のパルプからアルカリ繊維素にしたものをさらに破砕して苛性曹達に溶けやすくするための機械で、これと抄紙機とは威勢よく運転されて、工場らしい景観を保っている

セロファンの水着
新時代の包装紙として広く利用されているセロファンは、今度、婦人の海水着としてアメリカに現れ、カリフォルニア太平洋国際博覧会の冬季水着美人投票で好評を博した

真空装置ニーダー
老生パルプからビスコスにする機械装置で、老生パルプに二酸化炭素を加えアルカリで溶解したものが、すなわちビスコスというわけである

濾過機
ビスコスを熟成タンクへ送る道中の関所で、ここでビスコスの中に稀に含まれたゴミも砂も完全に除去されることになる

世界水準で産業化できる日本の技術力

海外の工業製品と並行して、工業化できる日本人の能力は、昔から優れていました。

今の日本人に必要な精神は、進取の気性を磨きあげることでしょう。

セロハンビキニの水着女性とセロハンの製造工程の写真は、同じ号に掲載されていました。

米国でセロハンが話題になっていたときに、日本の福井県味眞野の東洋セロハン会社でも製造されていたのです。

パルプを高度に精製し、アルカリ繊維素にしたものが、セロハンの原料と解説されています。

実際、セロハン水着が実用化されたことはなかったでしょうが、遊び心としてはおもしろいですね。『アサヒグラフ』の海外ニュースは、ファッションから軍需製品まで、様々な情報を発信していましたが、創刊から通読して感じたことは、受け入れる情報は多数あっても、日本から情報をどれだけ発信できていたのかの疑問が残りました。

『クリスマスの朝』ジーン・ミュア（ワーナー・スター）

『有がたうさん』（松竹蒲田トーキー）
川端康成氏の短篇小説――南伊豆を舞台とし、乗合自動車運転手「ありがとう」さんが、仕事の間に見たり聞いたりする人生の種々相を綴るもの。監督の清水宏君は将来の映画の行く途をここに捕えようと血みどろである。その意味で尊敬されていいトーキーだと思う。写真：主役の上原謙と久原良子
右・左『アサヒグラフ』（1935〈昭和10〉年12月25日号）

一九三五年十二月二十五日号で紹介された映画

毎年『アサヒグラフ』では、暮れに邦画と洋画が紹介され、正月はどの映画を観ようか迷うくらい掲載されていましたが、なぜか昭和十年は少なく、邦画四本、洋画一本だけでした。

洋画は見てのとおり、クリスマスものです。

邦画のメインとして紹介されていたのが、川端康成の短編小説を原作として映画化された作品でした。主演が上原謙と久原良子となっていました。若い方はほとんど知らないでしょうが、上原謙は永遠の若大将・加山雄三さんのお父さんです。

この頃から、映画館の入場者数は急激に増えて、一九四二（昭和十七）年には、昭和十年の約二億人の二倍「四億三二一六万二〇〇〇人」になっていました。※（昭和十一年から昭和二十年までの国民生活各種統計表は、『ひと目でわかる「戦前日本」の真実　1936―1945』に掲載してあります）

昭和十年からの映画全盛期に、燦然《さんぜん》と輝くスターだったのが、本書142頁上の写真、『緑の地平線』にわずか十五歳でデビューしていた原節子さんでした。

靖国神社を静《せい》謐《ひつ》な英霊の杜へ

靖国神社を政治の道具にしたのは、『朝日新聞』でした。一九八五（昭和六十）年八月十五日夕刊一面トップに「戦後首相として初めて公式参拝」と歪曲報道したことが、外交問題になっている靖国神社「問題」の原点なのです。

『朝日新聞』は、一九五一（昭和二十六）年十月十九日、「靖国神社秋の例大祭第一日の十八日夕。吉田首相が参拝した。……昭和二十年十月二十三日、時の幣原首相が参拝して以来、首相が公式の資格で参拝したのは六年ぶりであった」と報道していたのです。また、一九八四（昭和五十九）年一月五日の夕刊一面トップに「首相が靖国参拝、就任一年余で四回目、正月早々は戦後初めて」と書き、また写真に「靖国神社に参拝し『内閣総理大臣中曽根康弘』と記帳する首相」と説明があり、『朝日新聞』は首相の立場で参拝したことを認識していたのです。

この記事の内容は「……歴代の首相も通例として春、秋の例大祭と八月十五日の終戦記念日の参拝にとどめていた……」と、八月十五日以上に正月を問題にしていました。

この頃は、「A級戦犯」が祀られているからなどの批判は、まだありませんでした。

実際、「A級戦犯」が合祀されたのは、一九七八（昭和五十三）年秋の例大祭のときであり、中国は、一九八五（昭和六十）年八月十五日まで、靖国神社に首相が参拝しても批判をしていませんでした。

靖国神社へ世界第一の大燈籠献納
九段の靖国神社境内に、今度新しく世界第一という巨大な大燈籠が献納されることになった。この大燈籠は、富国徴兵保険が昭和8年4月に工学博士伊東忠太氏に設計を依頼、高さ43尺、周囲16間、1基の重量5万貫、総工費20万円を投じ、満3カ年を要したもので、台石には前正木美術院長監督のもとに、小倉、畑、斉藤、吉田、和田の諸氏によって、陸海軍勇士奮戦の図が勇壮に浮彫として両基の8面に飾られている。この大燈籠は明春元旦から点燈されるはずである
『アサヒグラフ』（1935〈昭和10〉年12月25日号）

あとがき

最近、中国が繰り返している挑発行為を、政治家や評論家は「常軌を逸した異常な行動」と批判しています。ところが、大正・昭和初期からの歴史を詳細に分析すると、異常でもなんでもなく、中国の為政者にとっては伝統的な行動なのです。

中国は、日本が一九一五（大正四）年〜一九二四（大正十三）年に貸し付けた円借款を、一九二三（大正十二）年の関東大震災で、日本が困窮状態になっていることを逆手にとって返却を遅滞しはじめ、一九三三（昭和八）年三月三日に起きた三陸大震災の四カ月後に、円借款の踏み倒しにかかってきたのです。その間の中国の挑発は現在と同じです。

ちなみに、そのときの円借款は、その後の戦争のドサクサで、完全に踏み倒されました。

それから七十年後の二〇〇五（平成十七）年三月に町村外務大臣が円借款の終了を通告してから、在中国日本大使館や上海領事館を襲った官製デモで、インク瓶で壁を汚したり、二〇一一（平成二十三）年三月十一日に東日本大震災が勃発した以降の中国の行動は、昭和初期とカーボンコピー状態なのです。

それら中国の狙いを知れば、いくらでも対処法は出てきます。中国の為政者は、日本人が考える「悪意」を政治に利用する者が有能な政治家とする伝統があり、そろそろ日本の政治家も歴史から学ぶときがきているのです。

これらの詳細は、84頁、85頁と151頁に記載してあります。

『ひと目でわかる』シリーズは、ふだん一次資料（戦前の報道写真）に触れられない方々に直接触れていただき、歴史の迷いを吹き飛ばすことを目的に企画されたものですが、本シリーズも第六弾となりました。ＰＨＰ研究所学芸出版部の白石泰稔氏ならびに細矢節子氏には、いつも大変お世話になっております。また、今回は、掲載写真も多く、難しいレイアウトを完璧に構成していただいたデザイン事務所の皆様方にも、この場をお借りして深甚の謝意を表します。

平成二十六年五月三十日　東郷元帥の国葬の日に阿佐ヶ谷の草庵にて記す

水間政憲

上野動物園入場者数（単位：人）	ラジオ契約数（単位：1000世帯）	映画入場者数（単位：1000人）	乗用車保有台数（単位：台）
1,221,619	361	153,735	24,970
1,387,355	390	164,405	31,826
1,214,775	564	166,273	40,281
1,420,939	650	178,290	45,855
1,267,452	778	158,368	57,827
1,073,635	1,055	164,717	62,419
1,537,219	1,419	177,344	64,282
1,936,500	1,714	178,245	66,733
1,830,374	1,979	198,927	70,481
1,961,899	2,422	184,922	（52,363 ）
『上野動物園百年史』（東京都恩賜上野動物園 1982年）	『放送受信契約数統計要覧』（NHK）	『完結 昭和国勢総覧』第3巻（東洋経済新報社 1991年）	『日本長期統計総覧』第2巻1988年1月（※1935年からは乗用車登録台数）

〈資料1〉各種統計表の見方

上記の統計表は、いままで大正・昭和初期の報道写真を時系列に見ることができなかった皆様方に、当時の実態をミクロ（写真）とマクロ（統計）を併せて分析できるように作成しました。

大正から昭和初頭は、保守言論人もあまり触れることがありませんでしたが、本書と『ひと目でわかる「戦前日本」の真実　１９３６―１９４５』を合わせると、大正から終戦までの失われた歴史を取り戻せるように纏《まと》めてあります。

実際には、一九三三（昭和八）年前後に日本が芸術・科学・ファッションなどを満喫《まんきつ》していた文化的な生活はＧＨＱ占領下の言論弾圧で歴史から抹殺され、その当時の日本を取り戻せたのは一九六〇（昭和三十五）年前後になってからでした。トータル二十年くらいの歴史を喪《うしな》わされていたことになります。

このことは、本書を手にしていただいた皆様方には確信をもって納得していただけると思っております。

1926年～35年：国民生活各種統計表

項目 ＼ 年次	国民総支出（内閣統計局）（単位：100万円）	雑誌販売数（単位：1000冊）	SPレコード販売数（単位：1000枚）
1926（大正15 昭和元）年	12,503	29,290	
1927（昭和2）年	11,637	33,715	
1928（昭和3）年	11,434	32,691	
1929（昭和4）年	11,510	37,402	10,483
1930（昭和5）年	10,636	39,339	14,400
1931（昭和6）年	8,716	41,456	16,895
1932（昭和7）年	10,733	53,957	17,016
1933（昭和8）年	11,929	91,489	24,675
1934（昭和9）年	13,082	85,989	25,731
1935（昭和10）年	14,532	73,667	28,927
出典	『完結昭和国勢総覧』第1巻（東洋経済新報社 1991年）	『日本出版百年史年表』（日本書籍出版協会 1968年）	「音楽ソフト種別生産数量の推移」（日本レコード協会ホームページ）

〈資料2〉一九三三年七月三十日付『大阪朝日新聞』

この記事は、明治時代からの西原借款（政治借款）と大正年間の日本政府の借款を合算すると元利合計一〇億円（現在の三兆円相当）になり、それを中国が踏み倒しにかかっていることを記し、確実な電話借款、電線類売掛金、武昌・漢口両電話局機械類、全国有線電信財産、南京政府軍需借款、陸軍部被服借款、印刷局借款、済順・高徐両鉄道借款など、担保を確実に押さえている借款だけでも元利合計三億円（現在の九〇〇〇億円相当）のほとんどが踏み倒されていることを問題にしていました。

鉄道とか電話・電線などは取り上げることもできず、中国は開き直っていたのです。

二〇一四（平成二十六）年四月二十五日、日中戦争前（一九三六〈昭和十一〉年）の汽船の貸借で、商船三井が中国から四〇億円を巻き上げられましたが、そうであるなら、日本は中国から正当に三兆円回収できるのです。

〈著者紹介〉

水間政憲（みずま　まさのり）

近現代史研究家

1950年、北海道生まれ。慶應義塾大学法学部政治学科中退。近現代史（ＧＨＱ占領下の政治・文化）の捏造史観に焦点を絞り、テレビ・新聞報道の反証を一次史料に基づき調査研究する。『正論』（2006年6月号）に「スクープ“遺棄化学兵器”は中国に引き渡されていた」（第1弾）を発表。その後、第10弾まで寄稿し、戸井田徹衆議院議員（当時）らとの連携により、国会で中国や外務省の矛盾点を追及する。著書に、『朝日新聞が報道した「日韓併合」の真実』（徳間書店）、『いまこそ日本人が知っておくべき「領土問題」の真実』『「反日」包囲網の正体』『ひと目でわかる日韓・日中　歴史の真実』『ひと目でわかる「日韓併合」時代の真実』『ひと目でわかる「日中戦争」時代の武士道精神』『ひと目でわかる「アジア解放」時代の日本精神』『ひと目でわかる「戦前日本」の真実　1936—1945』（以上、ＰＨＰ研究所）などがある。

装　　丁：印牧真和

表紙写真：『アサヒグラフ』（1931〈昭和6〉年10月21日号）

表紙裏写真：『アサヒグラフ』（1931〈昭和6〉年7月15日号）

ひと目でわかる「大正・昭和初期」の真実

1923－1935

2014年7月8日　第1版第1刷発行

著者　水間政憲

発行者　小林成彦

発行所　株式会社ＰＨＰ研究所

東京本部　〒102-8331　千代田区一番町21

学芸出版部　☎03-3239-6221（編集）

普及一部　☎03-3239-6233（販売）

京都本部　〒601-8411　京都市南区西九条北ノ内町11

PHP INTERFACE　http://www.php.co.jp/

組版　有限会社エヴリ・シンク

印刷所　製本所　図書印刷株式会社

ISBN978-4-569-81945-7